语文课本里
的科学素养

主编　陈诚

雪花那些事儿

CS　湖南电子音像出版社
·长沙·

图书在版编目（CIP）数据

雪花那些事儿 / 陈诚主编 . -- 长沙 : 湖南电子音
像出版社 , 2023.9（2024.5 重印）
（语文课本里的科学素养）
ISBN 978-7-83004-493-0

Ⅰ . ①雪… Ⅱ . ①陈… Ⅲ . ①阅读课—中学—教学参
考资料 Ⅳ . ① G634.333

中国国家版本馆 CIP 数据核字 (2023) 第 171368 号

雪花那些事儿
XUEHUA NAXIE SHIER

主　　编：陈　诚
出 版 人：黄永华
责任编辑：刘德华　傅　蓉　朱　懿
美术设计：唐　茜
出　　版：湖南电子音像出版社
印　　刷：永清县晔盛亚胶印有限公司
发　　行：河南省新华书店
开　　本：710mm×1000mm　1/16
印　　张：8
字　　数：68 千字
版　　次：2023 年 9 月第 1 版
印　　次：2024 年 5 月第 2 次印刷
书　　号：ISBN 978-7-83004-493-0
定　　价：28.00 元

如有印装质量问题，请与生产服务中心调换。
联系电话：0731-82228602

声明：在本书编写过程中，个别选文和插图未能联系到作者，敬请原作者看到
本书后及时和我们联系，以便我们按国家规定支付稿酬并赠送样书。
联系人：陈老师 18670089796

大语文，新科普

  "大语文"是以语文为核心，以文学和历史为主线的文史、文化、社会常识等跨学科整合的概念，即除了将目光聚焦在古典诗词和世界名著等人文读物之上，还要向生活的各个领域开拓、延展，把传授语文知识同发展语文能力、发展智力素质和非智力素质有机结合起来，使学生接受全面的、系统的培养，而科学素养的培育正好是语文教育中重要的一环。

  语文课本选入诸如《动物笑谈》《邓稼先》《太空一日》等蕴含着丰富科学知识的科普文章，足以说明语文教育对科学素养培养的重视。此外，语文课本中还蕴含着大量与科学有关的内容，包含动植物、天文地理、宇宙空间等，内容丰富，形式多样，渗透了科学精神、科学态度、科学思维、科学方法等科学要素。《语文课本里的科学素养》（初中版）结合"大语文"的理念，将枯燥乏味的科学知识理论，通过图文并茂、生动有趣的科普读物呈现给读者，为理解科学知识、提升科学素养助力。

在呈现形式上，本书依据现行语文课本的篇目顺序链接科学知识，所涉及知识点均来源于语文课本，以与生活场景息息相关的问题导入，循序渐进、图文并茂、深入浅出地讲解科学知识，旨在使读者加深对课文的理解，发现语文课本中隐藏的科学秘密，丰富对世界的认知。

在栏目设计上，本书课文之后的"课本联通"栏目意在引导读者发现课内语文阅读中的科学因子，帮助读者充分利用课内阅读的"启蒙"契机，在刚刚萌生对探知科学奥秘的好奇心时，将课内阅读延伸至课外，实现课内外阅读的无缝衔接，使科普阅读顺势而行；"灵光乍现"栏目意在培养读者收集、整理信息能力的同时，继续延伸出与本课内容相关的新问题，使读者源源不断地发现问题、提出问题、探究问题，以科学的态度面对学习和生活。

愿这套书能帮助读者培养好奇心和探究欲，提高积极思考和自主探究、解决问题的能力，在"大语文，新科普"跨学科阅读的背景下，为科学素养与人文精神的培育打下良好的基础。

编者

目录

1 划分四季的方法有哪些？

我们都喜欢参加一些季节性很强的活动：春天去郊外春游，夏天去游泳，秋天去观赏红叶，冬天去滑冰、滑雪。冬寒夏热，春暖秋凉，对于四季的变化，相信我国大部分地区的人们都会有亲身的感受。可是，仔细想来，四季划分的依据究竟是什么呢？

地理课上曾经讲过：由于地球是斜着身子绕太阳转，所以地球上有些地区终年太阳很高，而有些地区一年中太阳总在天边转；也有一些地区，有时受太阳直射，有时又受太阳斜射。也就是说，这些地区在各个季节中接收到的太阳光热是不一样的。因此，根据各地区接受太阳光热的不同，地球被划分为热带，南、

春光烂漫

北温带，南、北寒带；而温带中还出现了四季气候的变化。虽然在天文上，世界各地都有春分、夏至、秋分、冬至的节气，但实际上不是所有地区一年之中都可以划分出四季。寒带地区终年严寒，从无酷暑；热带地区则全年炎热，没有春秋，更没有冬季；只有温带地区才能被划分出春、夏、秋、冬四季。当太阳直射点靠近北回归线时，北半球的温带地区进入夏天，而南半球的温带地区却进入了冬季；当太阳直射点靠近南回归线时，南半球的温带地区到了夏天，而北半球温带地区却正好是严寒的冬季；而当太阳直射赤道附近地区时，南北半球的温带地区则分别是春季和秋季。我国大部分地区位于北温带和亚热带，正是冬冷夏热、四季分明的地区。

四季划分的方法有天文划分法、气象划分法、古代划分法、农历划分法、候温划分法这几种。

🍀 天文划分法

从天文现象看，四季变化就是昼夜长短和太阳高度的季节变化。在一年中，白昼较长、太阳高度较高的季节就是夏季，白昼较短、太阳高度较低的

夏天的荷花

季节就是冬季，而冬、夏两季之间的过渡季节就是春、秋两季。

为此，按照天文划分四季法，（北半球）就是以春分（3月21日前后）、夏至（6月22日前后）、秋分（9月23日前后）、冬至（12月22日前后）分别作为四季的开始。即春分到夏至为春季，夏至到秋分为夏季，秋分到冬至为秋季，冬至到春分为冬季。

气象划分法

气象部门通常以阳历3～5月为春季，6～8月为夏季，9～11月为秋季，12月至来年2月为冬季，并且常常把1、4、7、10月作为冬、春、夏、秋季的代表月份。

古代划分法

我国古代通常以立春（2月4日前后）作为春季的开始，以立夏（5月5日前后）作为夏季的开始，以立秋（8月8日前后）作为秋季的开始，以立冬（11月8日前后）作为冬季的开始。

立春、立夏、立秋、立冬为"二十四节气"中的四个节气。二十四节气是指中国农历中表示季节变迁的24个特定节令，是根据地球在黄道（即地球绕太阳公转的轨道）上的位置变化而定的，每一个分别对应地球在黄道上每运动15°所到达的一定位置。

二十四节气是中国汉代确立的用来指导农事的补充历法。它把太阳周年运动轨迹划分为24等份，每一等份为一个节气，始于立春，终于大寒，周而复始。二十四节气既是历代官府颁布的时间准绳，也是指导农业生产和日常生活中人们预知冷暖雪雨的指南针，是中国劳动人民长期经验的积累成果和智慧的结晶。

农历划分法

农历是我国传统历法，又有阴历、华历、汉历、国历等名称。农历是一种"阴阳历"，取月相的变化周期即朔望月为月

秋天的红叶

的长度，参考太阳回归年为年的长度，通过设置二十四节气以及闰月来使平均历年与回归年相适应。

我国民间习惯用农历月份来划分四季。以每年农历的 1～3 月为春季，4～6 月为夏季，7～9 月为秋季，10～12 月为冬季。正月初一是全年的头一天，也是春天的头一天，所以又叫春节。

候温划分法

上述方法虽然简单方便，但有一个共同的缺点，就是全国各地都在同一天进入同一个季节，这与各地区实际情况有很大差别。例如，3 月份已属春季，这时长江以南地区的确是桃红柳绿，春意正浓；而黑龙江的北部却是寒风凛冽，冰天雪地；海南岛的人

们则已经穿上单衣过夏天了。因此，为了使四季划分能与各地的自然景象和人们的生活节奏相吻合，气象部门采取了候温划分四季法。

冬天的雪景

这种划分法是以候（五天为一候）平均气温作为划分四季的温度指标。当候平均气温稳定在 22℃ 时为夏季开始，候平均气温稳定在 10℃ 时为冬季开始，候平均气温在 10～22℃ 时为春秋季。从 10℃ 升到 22℃ 是春季，从 22℃ 降到 10℃ 是秋季。

（本文选自《自然科学基础（下）》，编者沈克琦，有改动）

课本联通

盼望着，盼望着，东风来了，春天的脚步近了。

一切都像刚睡醒的样子，欣欣然张开了眼。山朗润起来了，水涨起来了，太阳的脸红起来了。

义务教育教科书语文七年级节选

灵光乍现

四季的景象各有不同，你知道春、夏、秋、冬各有哪些独特的景色吗？从植物、动物、自然现象等方面说一说。

2 蜜蜂的家——蜂巢与蜂箱

勤劳的蜜蜂积极地采集、传播花粉，帮助了许许多多的植物，同时也源源不断地生产了不少蜂蜜。很多人都吃过蜂蜜，但你知不知道它是从蜂巢中一点点抠出来的呢？而蜂巢为什么又都是正六边形的？人们为了养殖蜜蜂，也精心地为它们设计了宜居的家园，快来一起看看其中的大智慧吧！

蜂巢为什么是正六边形？

蜂巢是由一个个六边形的小隔间组成的。这些小隔间不仅是存放蜂蜜和花粉的仓库，而且也是养育工蜂和雄蜂的育儿房。这些六边形的蜂巢，俨然成了蜜蜂的象征。

蜜蜂

但并不是所有蜂巢都是一样大小的六边形。不同种类的蜂，由于体形和地位不同，建造的巢穴形状也不尽相同。即使是用作育儿房的蜂巢，大小也有差别。而在大小不同的蜂巢之间，蜂巢就未必是六边形的了，偶尔也会出现五边形或者其他形状。另外，靠近中心的蜂巢，形状往往比边缘的更接近规则的六边形。这样说来，蜜蜂建造蜂巢时，并没有一个六边形的模板。那么，六边形是从何而来的呢？这个问题引发了不少生物学家的兴趣，甚至在达尔文的《物种起源》中，也有章节尝试解释蜂巢的精巧构造。

对于蜜蜂而言，蜂巢的形状并不重要，重要的是每个隔间有足够的空间。另外，节省材料对蜜蜂而言也相当重要。在建造蜂巢的过程中，蜜蜂会修改邻近蜂巢已有的墙壁来减

蜜蜂与蜂巢

少蜂蜡的用量，同时保证新蜂巢有足够的大小。这样做的结果就是新的蜂巢像是跟旧蜂巢"挤"在了一起。蜜蜂建造一个个蜂巢的过程，就像是将一堆柱形的空间堆在一起。而最节省空间、最稳定的方式，正是蜜蜂采用的六边形堆叠。

在自然界中，六边形堆叠的例子还有不少。很多金属和矿物就是由一层层六边形堆叠的原子或分子组成的；远古的火山喷发后，在特殊的地质条件下，也会产生大体呈六边形堆叠的玄武岩柱；由大小相当的气泡组成的泡沫，也大致呈蜂巢的形状。在生

活中，六边形堆叠的情况更比比皆是。正因为它的稳定性和空间利用率，六边形堆叠无论在自然界还是在生活中都随处可见。

值得一提的是，气泡和蜂巢从本质上来说非常相似。从物理的角度看，气泡希望它的表面积越小越好；从生物的角度看，蜜蜂则希望建造蜂巢所用的蜂蜡越少越好。实际上，它们的结构都遵循同一套法则：相交在同一条边界线上的膜壁一定有三面，两两之间的平面角都是120°；相交在同一点的膜壁一定有四条边界线，两两之间的夹角都约为109°28'。这是比利时物理学家普拉托发现的。对于蜜蜂来说，为了尽量利用资源，会同时建造两层末端相对的蜂巢，而这些末端相接的地方，也就是蜂巢的底部，正是三个109°28'的菱形拼成的。

🌱 人造蜂巢——蜂箱

蜂箱是养殖蜜蜂必不可少的基本工具，为蜜蜂提供遮风挡雨、繁衍生息的场所，也为人们生产蜂蜜产品提供了便利。蜂箱由箱体、箱盖、巢框、副盖、隔板、巢门板等组成。其中，箱体由四块长方形木板围成，采用L形槽连接。箱体由巢箱和继箱组

蜂箱

成，其中巢箱放在下面，用于蜜蜂的繁殖；继箱放在上层，用于蜜蜂扩大巢房繁衍或贮藏蜂蜜。

箱盖顾名思义，是盖在蜂箱上层的盖子，能够保护蜜蜂免受风雨、寒冷、暴晒等自然条件的威胁，同时起到保温和保湿的作用。副盖是蜂箱盖和箱体连接的部分，有铁纱和木板两种，它使得箱盖和箱体连接更加紧密。而且，副盖还可以防止蜜蜂出入，并起到保温、保湿、遮阳的效果。巢门板是巢门的堵板，一般与巢箱连成整体，在蜂箱的最底层，可用于开关和调节巢穴口大小的小木块。

巢框由上梁、侧条和下梁构成，悬挂在框槽上。主要用于固定和保护巢脾，可水平调动和从上方提出，方便蜂农采收蜂蜜。巢框内是蜜蜂的脾，由蜡板筑造，两面排列着整齐的六角形蜂房，用来繁殖幼虫以及贮藏蜂蜜等。隔板为形状和大小与巢框基本相同的一块木板，厚度为 10 毫米。隔板的存在可以保护巢脾外漏，同时减少蜂巢内温度和水分的散失。巢框与巢框、巢框与箱体之间的间隙便是蜂路，是指蜂箱中供蜜蜂通行、空气流通的空间。前后蜂路是指巢框两侧与前后内箱壁之间的蜂路，一般为 8 毫米；蜂箱的副盖与巢框的上梁面之间的距离称为上蜂路，一般宽度为 6 毫米；巢框下梁与箱底板之间的蜂路为下蜂路，此处为蜜蜂出入和空气交换的重要通道，通常宽度为 25 毫米。

在制作蜂箱时，应选用坚固耐用、质地轻、不易变形的木材；箱体最好采用整块的木板，避免拼接处松散或有雨水或蚂蚁等敌害生物进入蜂箱。蜂箱的侧壁和前后壁的相接处 (接卯)，必须做得紧密，粘接牢固，以免使用时松动变形。蜂箱的表面可涂刷白漆或桐油，避免虫蛀，也可以使蜂箱经久耐用、保温避湿。

此外，蜂箱的尺寸也应符合国家或有关部门的规定。

🐝 蜂箱如何摆放？

蜂箱的摆放也很有讲究，安排的蜂群数量主要根据蜜粉源的情况而定，即便蜜源条件很好，也应该控制在 100 群以内。转地放蜂场地的蜂群数量可适当多些。

养蜂场地蜂群的排放应根据场地的大小、蜂种、季节、饲养方式等不同而灵活安排。总的原则是便于管理，便于蜜蜂采集飞行，有利于蜜蜂认巢及防止盗蜂。

夏秋季节蜂群排放可疏散一些，冬春季节紧密一些，有利于保温。蜂群较少时，可采用单箱单列或双箱单列；蜂群较多时双箱多列或三箱多列，箱距 0.5 ～ 1 米，列距 2 米左右；在车站、码头、路边等待运输的蜂群可采用方形或圆形排列。庭院养蜂时，可将蜂箱架起分层陈列。不论何种方式，蜂箱放置应左右平衡、后高前低，以利排水。

蜂箱

蜂群夏日应安置在阴凉通风处，冬日应放置在避风向阳的地方，所以蜂群最好能放在阔叶树下，炎热的夏天，茂密的树冠可为蜂群遮阴；冬日落叶后，温暖的阳光可照射在蜂箱上。排列蜂群时，繁殖期和流蜜期巢门方向尽可能朝向东或南，但不可轻易朝西。巢门朝东或南，能促使蜂群提早出勤；在酷暑季节，便于清风吹入巢门，加强巢内通风；在低温季节可以保持巢温，有利于蜂群安全越冬。巢门朝西的蜂群，春秋季蜜蜂上午出勤迟，下午尤其傍晚的太阳刺激蜜蜂出巢后，又常因太阳下山的影响，使蜜蜂受冻而不能归巢；夏日下午太阳直射巢门，造成巢温过高，使蜜蜂离脾。越冬前期，为使蜜蜂减少出勤，降低巢温，可将巢门朝北排放。

此外，放置蜂群的地方，不能有高压电线、高音喇叭、路灯、诱虫灯等吸引刺激蜜蜂的物体。蜂箱前面应开阔无阻，便于蜜蜂的进出，不能将蜂群巢门面对墙壁、篱笆或灌木丛等。

桃树、杏树、梨树，你不让我，我不让你，都开满了花赶趟儿。红的像火，粉的像霞，白的像雪。花里带着甜味儿；闭了眼，树上仿佛已经满是桃儿、杏儿、梨儿。花下成千成百的蜜蜂嗡嗡地闹着，大小的蝴蝶飞来飞去。

义务教育教科书语文七年级节选

你知道平时蜂农是如何养殖蜜蜂的吗？养殖蜜蜂对人们的生活有什么好处？

3 树叶为什么是绿的？

如果我问你：花朵是什么颜色的？你可能会犹豫，因为花朵有红色、黄色、紫色……可是如果我问你树叶是什么颜色的，你一定可以很快地回答：绿色。的确，我们看到的树叶多是绿色的，但你知道这是为什么吗？

春天来了，大自然又要变得五彩缤纷了：丁香闪耀着紫色的光，蒲公英闪着黄色的光，虞美人发出夺目的红光。只有树上的叶子是绿色的，这是为什么呢？

原来这种绿颜色是由叶绿素带来的，叶绿素是一种能使树木存活和生长，并使地上长出新的树木来的绿色色素。叶绿素能做其他颜色都做不到的事情：把阳光变成电流，

绿叶

从而使纯粹的空气和水变成糖分。化学家称这一过程为"光合作用"。然后绿色植物就能利用合成的糖分和从地下吸取的养料，生长出新的树叶、花朵和果实。

但如果要弄懂光合作用是如何进行的，就不得不先说说光了。阳光充满了颜色。如果你不相信，可以拿一根浇灌园地的长橡皮水管接通水流直接向

喷射出的彩虹

阳光喷射。这样你就能看到众多的颜色一个个并排挨着，在空中显现出一条小彩虹。最外边是红色，接着是橙色、黄色、绿色、青色、蓝色，最里边是紫色——和雨后天空中自然形成的彩虹一样。阳光便是由这七种颜色的光组成的，而它们混合在一起是无色的。但是，光中一旦缺少了一种颜色，你便会看到一种由剩余颜色组成的混合物。如果全部颜色都缺席，那就会像黑夜那样漆黑。如果只剩下仅有的一种颜色，那么你也就只能看到这一种颜色。

我们的肉眼总是只看到某种事物呈现的那种颜色，而其他的颜色到哪里去了呢？它们往往会变成热量。为什么这么说呢？你只要想一想红光灯便能明白了，想一想为什么人们将它悬挂在洗澡间里，洗澡间就能很快地暖和起来。

那么有颜色的光是如何变成热量的呢？你可以把太阳想象为一个小丑，这个小丑不停顿地往周围抛掷红色、黄色、绿色和蓝色的球。科学家称这些球为光子。你再想象现有的一切事物——花、小汽车、衣服或你的皮肤——充满了小小的跷跷板：每一个跷跷板的一边是空的，另一边放着一个球状物体。如果这个小丑把一个球，即一个光子抛向跷跷板空的一边，所有的球状物体——

我们称它们为电子——便跳往空中。每逢一个电子掉下来时，太阳便总是往空中吹出一点儿热量。

这一切是怎么知道的？如果你用放大镜看一片树叶，你就会看见血管、凹槽和结节，但还有一些微小电子和叶绿素微粒

是看不见的。为了看见它们，你需要一台特殊的显微镜，它能将叶绿素微粒放大一千万倍。然后你就会发现：没有植物是不行的！没有它们，动物和人就会饿死，甚至窒息死亡！因为我们生命中必不可少的氧气也是植物生产的。

在呼吸时，氧气被我们用肺部吸收，并通过血液输送到身体的各个部位。你的身体用氧气将你所吃的一切东西变为能量：这样你就可以踢足球、骑自行车和进行思考。顺便提一下，你的大脑需要特别多的能量来维持运转。

现在你也许希望我们人类也能在自己的身体内拥有这种神奇的叶绿素，从而使自己能制造糖分和氧气。但是，这恐怕并不是一件好事，因为如果你往皮下注射叶绿素的话，你马上就会生命垂危。因为仅有叶绿素，而没有将它固定住的墙，没有ATP（三磷酸腺苷），这是极其危险的。这叶绿素只是收集叶色素，然后就不知道该如何处理它了。那么你的体内很快就会挤满电子，这些电子会毁坏四周的一切，从而严重地伤害你的身体。

在整个夏天，起防暴晒作用的各种颜色都蕴蓄在树叶里，但是它们的颜色被许许多多的叶绿素覆盖住。它们在秋天变得尤其重要——因为一棵树在扔下它自己的叶子之前，它早就先将这些宝贵的叶绿素变成各种各样的物质，并将其储存起来供以后使用。等到树叶的绿色开始褪色，别的色素就会呈现出来——所以秋天的树叶闪耀着美丽的黄色、橙色和红色。

（本文摘自《诺贝尔奖获得者与儿童对话》，编者贝蒂娜·施蒂克尔，有改动）

雨是最寻常的，一下就是三两天。可别恼。看，像牛毛，像花针，像细丝，密密地斜织着，人家屋顶上全笼着一层薄烟。树叶子却绿得发亮，小草也青得逼你的眼。

义务教育教科书语文七年级节选

春天，树木抽出新的枝条，长出嫩绿的叶子。夏天，树叶绿意盎然，更加生机勃勃。但是到了秋天，有的树叶会变黄，你知道这是为什么吗？

4 水往高处流——泉与泉城

俗话说，水往低处流。可偏偏有一种水，在地底下咕噜噜地往上冒，甚至能一喷三尺高。这种水，就是泉。你对泉的了解有多少？我国还有一座城市被称为"泉城"，内有"七十二名泉"，你知道是哪座城市吗？

🍃 什么是泉？

泉，是一种水文地质现象，是地下水在地表出露的一种形式。其实，泉不仅有从地面向上喷涌的，也有在重力作用下，随着地势汩汩向低处流动的。向下流动的泉水，总是循规蹈矩的，倒是很好理解。但是向上流动的泉水，如此桀骜不驯，又是怎么回事儿呢？

这首先要从物理上的连通器原理说起。

两个连通的容器，其水面会保持一致，而当一侧不断加水时，另一侧的水就会流出；当两侧高差很大时，水则会由于两侧压力差，喷涌而出。

地下水赋存在地下的岩石和土壤的孔隙中，并在其中穿行流动。有的岩土孔隙多，含的水多，水也能够很轻松地在其中流动，我们将这样的地层称为"含水层"；有的岩土孔隙少，含的水少，水也很难在其中穿过，我们将这样的地层称为"隔水层"。有的含水层，只有底部有一层隔水层，上部拥有自由水面，我们称之为"潜水"。这就如同一片地下的"湖泊"，遇到地势低洼处，就会倾泻而下。这种由潜水形成的泉，我们称之为"下降泉"。而有的含水层，被两个隔水层夹在中间，就如同U形管的管壁夹住了水流，我们称之为"承压水"。当它露出地面时，就会喷薄而出。这种由承压水形成的泉，我们称之为"上升泉"。

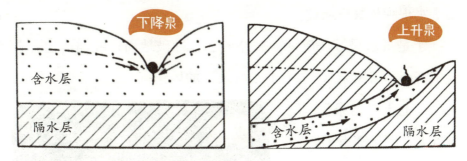

当然，不得不说的是，由于水和管壁的摩擦，水在"水管"中流动的时候，随着流动距离的不断增加，水流出时所能达到的高度也逐渐减小。

就如同从前我们常用的水塔：距离水塔越远的人家，水龙头流出的水，动力就越小。在地层中流动的地下水，穿梭于岩石和土壤的孔隙中，阻力比在光滑的玻璃管中大得多。

因此，想要形成泉，不仅要在地形上有足够的高度差，还要具备有利于水流动的地层，使得含水层能够保持足够的地下水位。

"泉城" ——济南

提到泉，有一座城市，就因之而得名。这就是"泉城"——济南。

济南泉水的形成，得益于它得天独厚的水文地质条件。

济南的地势南高北低，其南部山区，树木茂盛，水源充沛，且大片为灰岩地区。灰岩的主要成分是碳酸钙，这种成分在水的作用下极易溶解，溶解后形成的溶洞，利于水的流动。

在南部山区汇聚的泉水，一路向北，畅通无阻。但到了济南城内，却遇到了拦路虎——岩浆岩。这里的岩浆岩致密完整，以至于水很难从其中通过。

于是泉水只好一咬牙，一路向上，冲破地面，喷涌而出，造就了济南"家家泉水""七十二名泉"的风景。

"七十二名泉"，不是自大，倒是谦虚了。

在济南老城区仅2.6平方千米的范围内，就有趵突泉、黑虎泉、五龙潭、珍珠泉四大泉群，分布有大大小小136

处名泉。连同市郊及济南市所辖的章丘、长清、平阴境内的名泉，总数达733处之多。世界各地，绝无仅有。

🍃 趵突泉

清代乾隆皇帝南巡时，参观了趵突泉，叹为观止，于是将其封为"天下第一泉"，并在泉畔题下了"激湍"两个大字。

北魏郦道元《水经注》载："泉源上奋，水涌若轮，突出雪涛数尺，声隐如雷。"

元代画家赵孟頫诗作《趵突泉》写道，"云雾润蒸华不注，波涛声震大明湖"，形容趵突泉水汽氤氲，声势浩大。可见趵突泉气势之壮，水势之旺，景色之美。

知识小贴士

浅层地下水的温度一般维持在当地年平均气温附近。趵突泉的水温全年大约恒定在18℃，因此冬暖夏凉。冬季泉水喷涌，水蒸气遇冷液化，形成白雾。

冬天的趵突泉

🍃 五龙潭

据说五龙潭出现之前这里曾是隋末唐初名将秦琼的故居。传说在一场暴雨过后，大宅陷落，不知所终，只留下一个深渊，随后被水填满，称为五龙潭。

历史已不可考，如今只有这一池碧水，保守着遥远的秘密。

🌿 黑虎泉

黑虎泉，可以说是济南最富有生活气息的泉。每天清晨到傍晚，都有大批济南市民来此打水、嬉戏。它把清凉与甘甜，馈赠给了千家万户。

黑虎泉畔

🌿 珍珠泉

珍珠泉，泉涌如其名。此泉从地下冒出，如同一串串珍珠，翻转直上，晶莹透亮。

传说此泉串串"珍珠"，是由舜帝的妃子娥皇和女英的眼泪所化。当时山东正值大旱，娥皇、女英在此带领父老乡亲祈雨、掘井，当终于找到水时，远方却传来舜帝病倒的消息。于是娥皇、

珍珠泉

女英只好与众乡亲告别，临别之际，一串串泪珠洒落大地，化作一眼眼清泉，泉涌如珠。故有诗曰："娥皇女英异别泪，化作珍珠清泉水。"

🍃 泉水与文人

一方水土，养一方人。泉水带给济南的，不仅有优美的自然风光，更有独特的风土人情和深厚的文化底蕴。

杜甫途经济南，受好友李邕相邀赴宴，望着开阔的大明湖，想到古今济南泉水滋养的风流人物，在历下亭旁留下"海内此亭古，济南名士多"的名句。

李清照在济南度过了最幸福的少女时光。"争渡，争渡，惊起一滩鸥鹭"，荷塘里的嬉戏，成为她一生的回忆。

辛弃疾晚年"醉里挑灯看剑，梦回吹角连营"，一腔热血誓死杀敌的豪迈，也许正是因为想回到魂牵梦绕的家乡。

赵孟頫回乡时途经济南，感慨于济南层林尽染的秋色，绘制

大明湖

了一幅《鹊华秋色图》，赠送给好友周密。从此，"鹊华秋色"一图，成为济南的一张名片。

老舍把济南称作自己的"第二故乡"，对济南赞不绝口，写下了《济南的秋天》《济南的冬天》《大明湖之春》《趵突泉的欣赏》等优美的散文。他写道："上帝把夏天的艺术赐给瑞士，把春天的赐给西湖，秋和冬的全赐给了济南。"

🍃 "保泉"行动

泉，在济南这座城市，不仅仅是一种水文地质现象，一种自然景观，更成为一种象征，孕育了这里的人与文化。

四千多年以前，先人们择泉而居，在这里发扬了灿烂的"龙山文化"。

如今时过境迁，历史的遗迹早已模糊，但这一泓泓泉水，从远古流到今天，源源不断地滋养着这里的人们。

然而，在20世纪90年代，由于城市的快速发展，地下水被过量开采，济南的泉水也曾一度陷入停喷的窘境。

为了恢复泉水，济南人提出"节水保泉，关爱家园"的口号，开始了一场"保泉"行动。

从那时起，泉水地下水位的数字，成了每个济南人都关心的数字。数字的每一点变化，都牵动着每个济南人的心。在所有人的努力下，自2003年9月以来，趵突泉已经基本恢复了四季泉水不断的景象，在2021年10月18日，济南趵突泉地下水位达到

30.18 米，创下 1966 年以来的最高纪录。

济南"保泉"行动的成功，在水资源短缺问题日益严重的今天，具有重要意义。

（本文原载于中国科学院地质研究所公众号，作者孔佑兴，有改动）

古老的济南，城内那么狭窄，城外又那么宽敞，山坡上卧着些小村庄，小村庄的房顶上卧着点儿雪，对，这是张小水墨画，也许是唐代的名手画的吧。

那水呢，不但不结冰，反倒在绿萍上冒着点儿热气。水藻真绿，把终年贮蓄的绿色全拿出来了。天儿越晴，水藻越绿，就凭这些绿的精神，水也不忍得冻上；况且那长枝的垂柳还要在水里照个影儿呢。看吧，由澄清的河水慢慢往上看吧，空中，半空中，天上，自上而下全是那么清亮，那么蓝汪汪的，整个的是块空灵的蓝水晶。这块水晶里，包着红屋顶、黄草山，像地毯上的小团花的小灰色树影。

这就是冬天的济南。

义务教育教科书语文七年级节选

你所在的城市有没有特殊的地理景观？说一说它形成的原因。你觉得市民们应该采取什么行动来保护这一特殊地理景观呢？

5 什么是岛？

　　散布在海洋、江河或湖泊中的四面环水、高潮时露出水面、自然形成的陆地叫岛屿。彼此相距较近的一组岛屿称为群岛。海洋中的岛屿面积大小不一，小的不足1平方千米，称为"屿"；大的达几百万平方千米，称为"岛"。你知道我国有哪些海岛吗？按照岛屿的成因，岛屿能被分成哪几类呢？

🌱 我国的海岛

　　打开中国的版图可以看到，中国的海岛从南到北绵延起伏，宛如镶嵌在祖国万里海疆的一颗颗璀璨明珠。这些海岛位于亚欧大陆以东、太平洋的西部边缘，分布在南北跨越38个纬度、东西跨越17个经度的广阔海域中。自北向南分别隶属于辽宁、天津、河北、山东、江苏、上海、浙江等沿海省、自治区、直辖市，东部与朝鲜半岛、日本为邻，南部周边被菲律宾、马来西亚、文莱、印度尼西亚和越南等国家所环绕。

从海岛分布的特点看，既有孤悬于海上的单个岛屿，如著名的刘公岛、东山岛等；又有彼此相距较近，呈明显的链状或群状分布的岛群，人们习惯上称为"群岛"或者"列岛"。这些群岛、列岛共有 55 个，它们的排列很有规律，并且构成了 14 个海岛县（区）、近 200 个海岛乡，著名的有舟山群岛、长山群岛、西沙群岛、南沙群岛等。

在我国所有的海岛中，最南端是南沙群岛的曾母暗沙，最东的是钓鱼岛东边的赤尾屿，最北的岛屿是辽宁省的小笔架山。大部分分布在我国沿岸海域，距离大陆不到 10 千米的海岛约占我国海岛总数的 66%，而超过 94% 的海岛分布在距离大陆不到 100 千米的海域内。

据统计，我国海域面积大于 500 平方米的海岛有 6 500 多个。如果将海南岛以及台湾、香港、澳门地区所属海岛包含在内，实际上我国面积大于 500 平方米的海岛共有 7 000 多个，海岛总面积约 8 万平方千米，约占我国陆地面积的 0.83%。而面积小于 500 平方米的海岛则可用"不计其数"来形容，据估算，这样的小岛礁至少有上万个。

🔖 岛的类型

大陆岛

大陆岛，是指由大陆向海洋延伸的区域，地质构造等各方面与邻近的大陆相似。由于地壳运动（地壳发生了相对的上升和下台湾岛，位于中国大陆东南沿海的大陆架上，东临太平洋，隔台湾海峡与福建省相望，是中国第一大岛，被誉为"祖国东南海上的明珠"。因岛上植物种类众多，被誉为"亚洲天然植物园"。

沉运动）或海平面上升，海拔较高处虽然露出水面，但与大陆相隔，所以就形成了岛屿。我国最大的岛屿——台湾岛，就属于大陆岛。

大陆岛的特征主要为：

从地理位置来看，大陆岛曾是大陆的一部分，属于大陆的延伸部分，所以通常离大陆较近；从地形方面来看，由于经历了剧烈的地壳运动，所以地形通常比较陡峭，以山地丘陵地形为主，地势通常中部高四周低。

从河流水文来看，中部高四周低的地势特征，使得河流多发源于中部的山地，形成放射状水系。而且岛屿地势落差较大，坡度陡，河流流速快、流程短，河流通常都蕴含丰富的水能资源，适宜进行水能开发。

从形态方面来看，大陆岛一般面积较大，海岸线趋势与地质构造线大致平行，即岛屿与大陆海岸线走向基本一致。大陆岛也往往聚集形成岛群，根据聚集的形态，成群分布就叫群岛，链状分布就叫列岛。

航拍台湾岛

按大陆岛的组成物质和成因的差异，可分为基岩岛和冲积岛；大陆岛的基础固定在大陆架或大陆坡上，按其成因又可分为构造岛、冰碛岛和冲蚀岛。

世界主要的大陆岛包括：台湾岛、海南岛、大不列颠岛、纽芬兰岛、加里曼丹岛、马达加斯加岛等。

火山岛

在板块交界处，海底火山不断喷发，岩浆冷却后不断堆积，越来越高。当海底火山不断向上生长，最终露出海面，便形成了新的海中陆地——火山岛。而未能露出水面的，则成为海底山脉。也正是由于火山的喷发，才能在茫茫大洋中开辟出一块新的陆地，比如度假胜地夏威夷群岛。

火山岛的主要特征为：

从地理位置来看，火山岛大多诞生于板块边缘，一般距离大陆比较远。

火山岛按其属性分为两种：一种是大洋火山岛，另一种是大陆架或大陆坡海域的火山岛。大洋火山

火山岛

岛，是因较重的大洋板块俯冲深入，板块下的岩浆顺着裂缝从洋底喷出，随后凝固堆积而成，如东亚岛弧上的一些火山岛。

大陆架或大陆坡海域的火山岛，是由于位于板块生长边界，岩浆沿板块张裂处涌出冷凝形成，如冰岛。

还有一类位于板块内部，地下一根上升流（地幔柱）从核幔边界直通岩石圈底部，带动上层岩石圈做分离运动，在地壳造就板内火山岛，如夏威夷群岛。

从地形方面来看，由于火山岛是火山喷发而成，所以其地形往往比较崎岖、地势较高。火山岛有单个的，也有群岛式的，著名的火山群岛有阿留申群岛、夏威夷群岛等。

从植被方面来看，由于炽热的岩浆会吞噬周围的一切生物，所以在火山喷发初期，岛上基本没有植被覆盖。

珊瑚岛

珊瑚岛是由海洋中的珊瑚虫遗骨堆筑的岛屿。珊瑚虫死后，其身体中含有一种胶质，能把各自的骨骼结在一起，一层粘一层，日久天长就成了礁石了。珊瑚岛的主体是由珊瑚虫组成的，由于珊瑚虫的生长是极其缓慢的，所以珊瑚岛的形成往往需要经历漫长的时间。其中最有名的莫过于澳大利亚的大堡礁。

根据珊瑚形成的状态，可将珊瑚岛分为岸礁、堡礁和环礁三种类型。岸礁分布在海岸或岛岸附近，呈长条形状；堡礁分布距岸较远，呈堤坝状，与岸之间有潟湖分布；环礁的形状极其多样，但大多呈环状，主要分布在太平洋的中部和南部，而且多呈群岛分布。

珊瑚岛

珊瑚虫是如何造岛的呢？珊瑚虫能吸收海

水中的钙和二氧化碳，然后分泌出石灰石，形成碳酸钙骨骼。当珊瑚虫死亡后，它们的子孙们能一代代地在其"遗骸"上继续繁殖下去，分泌出的石灰石也会不断黏合、压实、石化，最终形成珊瑚礁。

知识小贴士

世界上著名的珊瑚岛有马尔代夫群岛、南沙群岛、澳大利亚大堡礁等。

既然珊瑚虫是海底"基建狂魔"，那么什么环境才适合它生长呢？一是水温条件，珊瑚虫生长的最佳水温约为 25～29℃，热带海洋温度最为合适；二是光照条件，珊瑚虫生长的理想水深范围是 0～50 米，这个水深范围内海水较浅，光照条件好，生态条件较稳定，浮游生物丰富，水域海洋生物种类繁杂。此外，光照充足也能满足虫黄藻光合作用的需要，这是一种与珊瑚虫共生的藻类，能提高珊瑚虫分泌碳酸钙骨骼的速度；三是盐度条件，珊瑚虫对盐度条件的要求也较为苛刻，3.4%～3.5% 的海水盐度为最佳；四是水质状况，污染少、水质好、海水透明度高的地方利于珊瑚虫生长。

从地理位置来看，由于珊瑚虫生长在热带海区（主要集中在南太平洋和印度洋），所以珊瑚岛也基本分布在这里。而一般河流入海口海水盐度低、泥沙含量大、海水透明度低，不适合珊瑚虫生长，所以有大量泥沙的入海河口一般不发育珊瑚岛。

从地形方面来看，珊瑚虫生长在海面以下，露出水面极易死亡，所以珊瑚岛的海拔很低，有的只高出海面一两米。

知识小贴士

崇明岛位于中国海岸线中点位置，地处长江入海口。全岛面积 1269.1 平方千米，是中国最大的河口冲积岛，中国最大的沙岛，也是仅次于台湾岛、海南岛的中国第三大岛。全岛三面环江，一面临海，素有"长江门户""东海瀛洲"之称。

冲积岛

冲积岛，是指在大江大河的入海口，由于水面变宽、流速减慢，加上海水的顶托作用，河流携带的泥沙在某些区域沉积到高出海面时形成的岛屿。它的组成物质主要是泥沙，是陆地的河流夹带下来然后搬运到海里的。

世界上许多大河入海的地方，都会形成一些冲积岛。我国共有 400 多个冲积岛，长江入海口的崇明岛是我国的第一大冲积岛；湖北省枝江市长江中的百里洲是我国第二大冲积岛。

从地理位置来看，冲积岛一般分布在大江大河的入海口，

崇明岛

30

由河流携带泥沙沉积而成。从地形方面来看，由于是泥沙沉积而成，所以往往地势低平，海拔不高。

　　冲积岛由泥沙组成，结构松散，因而很不稳定，岛的面积往往会因周围水流条件的变更而变大或缩小，形态也会发生变化。

（本文原载于青岛海洋地质科普基地公众号，有改动）

观沧海

曹　操

东临碣石，以观沧海。

水何澹澹，山岛竦峙。

树木丛生，百草丰茂。

秋风萧瑟，洪波涌起。

日月之行，若出其中；

星汉灿烂，若出其里。

幸甚至哉，歌以咏志。

义务教育教科书语文七年级节选

你还知道世界上哪些岛屿呢？它们属于什么类型的岛屿？

6 植树与治沙的关系

近年，我国沙尘天气频繁，影响范围波及多省，引起了全社会的广泛关注。有人好奇，为何沙尘再次密集现身？有人疑惑，这些年防沙治沙工程的效果是否开始弱化？还有人提出，应该再多给沙漠植些树。这些想法是否能在治沙的实践中真正发挥作用呢？就让我们一起来看看植树与治沙的关系。

沙尘天气是自然现象并非"新伤"

沙尘天气古已有之，并不是现代社会出现的"新伤"。据统计，沙尘天气在公元前 4 世纪发生过 2 次，4 至 10 世纪的 700 年里发生过 39 次，11 至 15 世纪的 500 年里发生过 97 次，16 至 19 世纪的 400 年里发生过 115 次。随着时代的更迭，沙尘天气不仅

沙尘天气

发生的次数越来越多，程度也越来越严重，波及的范围也越来越广，持续的时间也越来越长。

通过对历史资料的研究可知，沙尘天气的产生是一种自然现象，即使没有人类活动的干预，只要条件具备，它也会发生，只不过人类活动会破坏原有地表植被，从而增加沙尘天气发生的频率，或加重其严重程度。

根据现代气象观测数据，新中国成立以来，北京地区浮尘、扬沙和沙尘暴等天气现象均呈现出不规则的波动减少的变化趋势。在20世纪50年代各种沙尘天气发生最为频繁，年平均达63次，1954年出现最高值89次，此后沙尘天气的年平均发生次数逐渐降低，到90年代时年平均只有5.7次。

不只北京，全国的情况也是如此。国家林业和草原局监测数据显示，近20年我国春季（3～5月）沙尘天气总体呈现次数减少、强度减弱的趋势，已由20世纪60年代年均20.9次减少到近10年年均8.4次，沙尘日数平均每10年减少1.63天。

我国现阶段仍处在沙尘天气偏少的大背景下，沙尘频次受中高纬度大气环流的直接影响，会呈现出一定的年际变化特征。

人们在阻沙网内种植梭梭

沙尘暴与沙尘天气并不完全是一回事。

在气象学上，沙尘天气是指强风从地面卷起大量尘沙，使空气混浊、水平能见度明显下降的一种天气现象。沙尘天气可分为浮尘、扬沙、沙尘暴3类：①浮尘：均匀悬浮在大气中的沙或土壤粒子（多来源于外地，或是当地扬沙、沙尘暴天气结束后残留于空中）使水平能见度小于10公里；②扬沙：风将地面尘沙吹起，使空气相当混浊，水平能见度在1公里到10公里；③沙尘暴：强风将地面尘沙吹起，使空气很混浊，水平能见度小于1公里，当水平能见度小于500米时，则定义为强沙尘暴。

"三北"防护林还挡得住沙尘吗

因为近年遭遇的大范围沙尘天气，"三北"防护林再次受到关注，很多人奇怪：辛辛苦苦打造的"三北"防护林怎么不起作用了？

一直以来，荒漠化都是全球颇受关注的生态环境问题，而我国是世界上受荒漠化危害较为严重的国家之一。我国的荒漠化主要包括4种类型：风蚀荒漠化、水蚀荒漠化（水土流失）、盐渍化和冻融荒漠化。其中，风蚀荒漠化即沙漠化，这种荒漠化类型在我国面积大、分布广，且危害最大。

荒漠化的发生会造成地表植被退化、覆盖度降低，土壤裸露和沙化，从而使地表起沙的临界风速发生变化，影响土壤侵蚀量和进入大气的沙尘含量，进而影响沙尘天气发生的频次和规模。而荒漠化防治可以固定流沙、改良土壤，增加地表植被覆盖度。

我国与荒漠化的抗争，自新中国成立初期就已经开始。20世纪50年代初，中央人民政府林垦部在石家庄组建冀西沙荒造林局，并首次提出"植树造林，防风治沙，变沙荒为良田和果园"的奋斗目标。随后，我国在内蒙古乌兰布和沙漠东缘、东北西部沙地及陕北榆林等地，陆续营造了大范围的防风固沙林。1958年，国务院成立治沙领导小组，决定由中国科学院牵头组建一支治沙科技队伍，对全国沙漠基本情况进行考察，并开展有关治理措施的试验研究。于是，6个治沙综合试验站相继设立，为我国荒漠化防治奠定了坚实的科学基础。1978年，我国决定在风沙危害、水土流失严重的西北、华北和东北地区建设防护林体系，这就是著名的"三北"防护林体系建设工程。该工程规划期限为1978—2050年共73年，分8期工程进行，到2021年时已启动第6期工程建设。

沙尘暴的形成需要满足三个条件：一是地面有大量的松散沉积物，这是形成沙尘暴的物质基础；二是有强劲持久的大风，这是沙尘暴形成的动力基础，也是沙尘物质能够长距离输送的动力

知识小贴士

根据《联合国防治荒漠化公约》的定义，荒漠化是指包括气候变化和人类活动在内的种种因素造成的干旱、半干旱和亚湿润干旱区的土地退化。

防护林

保证；三是大气层结构不稳定，即要有冷暖气团的相互作用，这是形成沙尘暴的局地热力条件。一般来说，春季生长季还未开始时，由于地表没有植被覆盖，裸露的松散沉积物很容易被大风卷起。沙漠和裸露的地表温度上升得很快，只要天气连续晴两三天，地面气温就可以升得很高。如果这时遇上强大的冷空气在中午前后过境，就会形成上冷下暖的不稳定大气层结构，沙尘暴也就常在此时发生。

截至 2020 年底，"三北"工程累计完成营造林保存面积达 3 174.29 万公顷，工程区森林覆盖率由 1977 年的 5.05% 提高到 13.84%，工程区 45% 以上可治理沙化土地面积得到初步治理，45.59% 以上的农田实现林网化，61% 以上水土流失面积得到有效控制。这些数据足以说明，"三北"防护林获得了显著的工程建设综合效益。从近年的沙尘天气的情况来看，跨境输送的因素较多，主要来自蒙古国南部的戈壁和荒漠草原区域。沙尘被大风带到几千米的高空，顺着蒙古气旋后部的北风向我国输送，远超植树造林的冠层高度，这不是"三北"防护林能够阻挡的。"三北"防护林的 6 期工程仍在建设中，时间范围为 2021—2030 年，相信我国沙区的生态状况一定会继续得到改善。

但需要说明的是，既然沙尘天气是一种自然现象，那么只要干旱的沙漠戈壁等存在，它就会发生，所以我们只能减轻它的危害，但不可能彻底消灭它。

沙尘是地球生态系统重要一环

正常的荒漠是地球表面一类重要的地理景观，该地区气候干旱、降水稀少、蒸发强烈、风力强劲、植被贫乏。根据地貌和地表物质组成，荒漠通常划分为沙漠、砾漠（又称戈壁）、岩漠、泥漠和盐漠等。

荒漠生态系统是陆地生态系统重要的子系统，具有不同于森林、草原、湿地等生态系统的独

知识小贴士

荒漠生态系统是指由旱生、超旱生的小乔木、灌木、半灌木和小半灌木以及与其相适应的动物和微生物等构成的生物群落，与其生存环境共同形成的物质循环和能量流动的动态系统。

猞猁

特结构与功能，在防风固沙、水文调控、土壤保持及生物多样性保育等方面提供着重要的生态服务，同时在固碳和生物地球化学循环方面也发挥着不可替代的作用。

而且，荒漠生态系统孕育了许多珍稀、濒危的野生动植物。

比如，分布在我国西北荒漠区的国家Ⅰ级重点保护野生动物有雪豹、野骆驼、豺等 23 种；国家Ⅱ级重点保护野生动物有北山羊、狼、猞猁等 53 种；国家重点保护野生植物有四合木、沙冬青、半日花、绵刺等 20 多种。

可能荒漠离大多数人比较遥远，但说到熟悉的沙尘——一种可以悬浮在空气中的气溶胶，大家一定知道，它对自然生态系统也具有不可或缺的作用。

沙尘沉降在土壤、森林和海洋中时，会发挥重要的"肥料效应"。比如，每年通过大气输入海洋的沙尘达 450 百万吨，对海洋浮游植物的生产力具有重要影响，还为生物地球化学循环提供了重要元素，尤其是氮、磷、铁等，为大洋表层水带去可供生物吸收的营养元素。沙尘对气候也有重要影响，比如，沙尘颗粒可以作为雨滴的凝结核，促进降水，而由于沙尘呈碱性，因此它对防止酸雨的产生有积极作用；沙尘还可以通过对太阳辐射和地表长波辐射的散射和吸收，改变地球的辐射状况和大气热力状况，进而影响全球气候。

🍃 植树与治沙不可一概而论

当然，凡事过犹不及，沙尘不加控制，其危害也是显而易见的。2000 年以来，特别是党的十八大以来，我国的防沙治沙工作取得了巨大成就。退耕还林还草工程、京津风沙源治理工程，开启了新时期由国家重大生态工程带动的荒漠化综合治理模式。经过 70 多年的研究和积累，我国已建立荒漠化防治的理论和技术体系，荒漠化和沙化状况持续好转，沙尘暴造成的危害明显减轻。

　　"要防沙治沙，就应该多植树。""将沙漠变为森林。"……近年来，社会上持类似观点的人很多，但这里面存在着一个认识误区，那就是"树治沙""沙变土"并不是绝对的正确命题，什么样的沙漠需要治、怎么治，应遵循科学的标准或满足必要的条件。

　　在我国，荒漠化发展最快、危害最严重的有两类地区：一是主要位于半干旱和半湿润区的北方农牧交错区，分布有毛乌素、浑善达克、科尔沁和呼伦贝尔四大沙地，这些地区由于过度放牧、过度开垦等不合理的人类活动造成荒漠化，主要分布于内蒙古中部和东部、陕西北部等；二是干旱区内沿内陆河分布或位于内陆河下游的绿洲地区，由于过度利用内陆河水或过量抽取地下水导致绿洲退化，造成天然植被衰退和死亡、地下水位下降和湖泊干涸等。

　　荒漠化地区的生态系统非常脆弱，主要表现在气候干旱、

科尔沁沙地生态修复前后对比

降水少、水资源匮乏；植被低矮、稀疏，覆盖度低；土壤主要为风沙土和荒漠土，持水性差、养分含量低；地表普遍覆盖着松散沉积物，容易风蚀。因此，这些地区在过度放牧、过度开垦、过度抽取地下水等不合理的人类活动作用下，很容易发生荒漠化。

"近自然恢复"是荒漠化防治应坚持的科学理念，即利用本地乡土物种，把退化生态系统恢复到物种组成、多样性和群落结构与地带性植被接近的生态系统。通过科学有效的人工辅助和管理措施，依靠自然生态过程，将退化生态系统恢复到受人为干扰前的状态，从而实现恢复后生态系统的生物的多样性、结构和功能的完整性、稳定性和可持续性。

人为因素造成的荒漠化土地能够加以恢复治理，是因为这些地方曾经是森林、草原、湿地或固定沙地，而对于那些天然的沙漠，不应该进行人工干预。

根据科学界的普遍共识，沙漠是在干旱气候条件下长期地质环境演变的结果，造成沙漠环境中植被低矮稀疏的主要原因是气候干旱缺水。沙漠地区不缺土壤，风沙土本身就是一种土壤类型。我国干旱区分布着大面积的沙漠和戈壁，年降水量只有不到200毫米，仅靠天然降水无法支撑大量树木生长，大面积或高密度种树会降低地下水位，耗光土壤水分，导致沙漠生态系统崩溃。

科学研究早已证明，只有受气候变化和人类活动影响形成的荒漠化土地，才有可能治理和需要治理，治理方式也并不局限于种树，应该乔灌草结合。荒漠化治理应该"以水定绿"，即恢复的植被不能超出水资源承载力。而对于天然的沙漠戈壁，保持其原始状态和生态系统的完整性，让在其中生存的动植物不被打扰，才是最好的选择。总而言之，我们应始终坚持"宜林则林、宜草则草、宜灌则灌、宜荒则荒"。

（本文原载于《北京日报》，作者汪丹，有改动）

观沧海

曹　操

东临碣石，以观沧海。

水何澹澹，山岛竦峙。

树木丛生，百草丰茂。

秋风萧瑟，洪波涌起。

日月之行，若出其中；

星汉灿烂，若出其里。

幸甚至哉，歌以咏志。

义务教育教科书语文七年级节选

结合文章内容，说一说人类可以为防治沙尘采取哪些措施。

7 雪花那些事儿

每一片雪花在落地之前，都在半空中飘飘荡荡了许久。如果你留意过飘下的雪花，就不难发现它们都是规整美丽的六角星形，这是为什么呢？据说，世界上不存在两片完全相同的雪花，真的是这样吗？

🍃 雪花是怎么形成的？

雪花是在云里面开始形成的。

地面的江河湖海的水被太阳光加热，一部分水变成水蒸气，

雪景

进入地球大气。而大气中能容纳的水蒸气是有限的，气温越低，大气中能容纳的水蒸气就越少。当气温变低时，大气中水蒸气过多，一部分水蒸气就要变回液态水。水蒸气是跑单的水分子，要把它们聚拢在一起变成液态水，需要先找到集合地点。在地面上，集合地点是花花草草、砖头瓦块等，而水蒸气变成的液态水我们通常称之为露水。在高空，水蒸气的集合地点是空气中飘浮的尘埃，水蒸气会变成无数小液滴，每个小液滴都包着一粒尘埃，这就成了我们能看得见的云。

假若气温继续降低，小液滴则会结冰，在云里飘来飘去，捕获周围的水蒸气，逐渐显出六棱柱的形状。冰继续长大，但棱上长得更快，逐渐长成六角星的雪花。整个过程约 15 分钟。当雪花长得越来越重时，就开始掉落，而离开云之后，雪花不再长大，因为没有水蒸气供应了。然后雪花慢慢飘落，以每小时不到 2 千米的速度抵达地面。

🍃 雪花看上去为何是白色的？

雪花和我们日常生活中熟悉的食盐、白砂糖一样，本质上都是无色透明的。但当它们聚成一小堆时，看上去却是白色的。

这是为什么呢？让我们首先了解一下颜色形成的原理——颜色与物体对光的吸收和反射有关。可见光是由不同频率的光组成的，我们的眼睛会把不同频率的光识别为不同的颜色。例如，532 纳米波长的光，在我们看来是绿色的；440 纳米对应的是蓝色。

飘落的雪花

当所有可见光同时进入眼睛，就成为"全色光"。这种颜色明亮干净，给人以纯洁无瑕的感觉，这就是我们感知到的"白色"。与之对应，如果没有可见光进入眼睛，我们看到的就是"黑色"。

当透明的小颗粒聚集在一起，光线照射到它们表面时，不计其数的微粒使表面的光线发生反射，这些反射光汇聚在一起，就是"全色光"了，于是我们看到的物体颜色就是白色。

同样的道理，天上的小水滴、小冰晶聚在一起形成白云，飘落的雪花聚在一起形成白雪。但如果凑近看的话，我们很容易注意到，单独的雪晶并不是白色的，而是透明的，就好像一小片透明透亮的玻璃。此外，如果雪晶生长过程中结霜了，我们会看到白色的"砂雪"。

🍃 雪花形状为什么有明显的六重对称性？

大家一定察觉到或者听说过，大部分的雪花是有六个角的，并且每转 60°，形状就与旋转之前重合，这叫作六重对称性。

最常见的雪花形状是六角星，这个图形是许多冬季用品和装饰上的经典图标，就连古人也注意到了这个特点，西汉人韩婴的《韩诗外传》中就有"凡草木花多五出，雪花独六出"的记载。

雪花的六个主干上还可以长出更多侧枝，侧枝非常非常多的雪花看起来就像蕨类植物的叶子。

你可能发现，装饰图标还经常会出现四角、五角、七角、八角对称性的雪花，这样的雪花在自然界中其实是不可能出现的。为什么呢？

第一个试图在科学上解释雪花六角对称性的是开普勒，就是那个提出行星运动三大定律的开普勒。开普勒是神圣罗马帝国皇帝鲁道夫二世的皇家天文学家，但经常被皇家天文学院拖欠工资。1611年，快过年了，他的工资还没发下来，连给朋友送新年礼物的钱都没有。他便把自己对雪花的思考，写成了《六角雪花》这本书，并送给朋友作为新年礼物，而后这部著作便成了雪花科学研究的开山之作。

开普勒对于雪花的思考源于一次偶然的经历。有一次，

知识小贴士

常见的雪花为什么没有长成六角盘形而大多是六角星形呢？这是因为空气中的水分子与冰晶碰撞，之后结合到冰上，粗糙的地方更容易结合，光滑的地方不易结合。因此，六边形的顶点处长得更快，于是，逐渐长出六个角。

他走在布拉格著名的查理大桥上，一片雪花落在他的外套上，吸引了他的注意，完美的六角星形令他惊奇。开普勒开始猜想，雪花为什么不是五角的，不是七角的，偏偏是六角的？开普勒提出的想法是，雪花是由很小的球形东西堆出来的，按六边形堆积堆得最密，节约空间。而开普勒的这一猜想终于在2014年被数学家严格证明。

开普勒的想法基本是正确的，他只是不清楚堆出雪花的小球到底是什么，他提出是液态水的最小组成单元，其实就是现代科学中的水分子。

现在我们知道，雪花是冰晶，是水分子规整排列的结果。一个水分子由一个氧原子和两个氢原子组成，三个原子不是一字排列的，而是弯的。水逐渐结冰的过程就是水分子彼此结合在一起的过程，这种结合方式叫作氢键，是一个水分子的氧结合另一个水分子的氢，连成很多很多六边形。然后越来越多的水分子加入这个六边形，最后呈现出宏观的六边形结构。

🍃 有两片相同的雪花吗？

不过，你要是觉得只有星星形状的雪花，那就低估了大自然造化的神奇。世界上还有一些令人觉得奇特的雪花，如冠柱形雪花（像一架车轮）、柱形雪花、针形雪花等。

每片雪花都由大量的水分子构成。据估计，一片雪花中所含的水分子可达10^{18}之多。由于雪花的每一根分支上都会再冒出许多分支，其他晶体可能会通过多种方式加入其中。一些科学家称，雪花上晶体的可能组合方式数量或多达宇宙中全部原子构成晶体组合数量的两倍。假如上述数学推算真的成立，那么无论是过去、现在还是将来，都不可能出现两片完全相同的雪花。

不同形状的雪花

除此之外，还有各种各样的因素会对雪花的形成造成影响。哪怕温度和湿度稍有波动，都会改变晶体的构造。而尘埃等异物也可能改变晶体的形状。此外，水分子与已经形成的晶核的角度也很关键。

在地表上空涌动不息的大气中，所有变量都可谓瞬息万变。哪怕只是咫尺之隔，情况也可能天差地别，这些因素对晶体和雪花造成的影响远非人力能够计量。

雪花在空中盘旋、飘荡的过程中，会不断与其他雪花

知识小贴士

雪花整体形态千差万别，有的细小如白砂糖，有的会一层又一层地叠加在一起，形成一片巨大的雪花。例如，1887 年降落在美国蒙大拿州的一片雪花直径达 38 厘米，一举创下了世界纪录。

相撞。一些分支可能会被撞断，但不久又会长出新的分支，进一步增加了每一片雪花的独特性。

总而言之，每一片雪花都是独一无二的存在。它们纤细小巧、转瞬即逝，充分证明了我们所在的世界和宇宙是多么奇妙迷人、瞬息万变。

（本文原载于《赛先生》，撰文瞿立建，有改动）

咏　雪

谢太傅寒雪日内集，与儿女讲论文义。俄而雪骤，公欣然曰："白雪纷纷何所似？"兄子胡儿曰："撒盐空中差可拟。"兄女曰："未若柳絮因风起。"公大笑乐。即公大兄无奕女，左将军王凝之妻也。

义务教育教科书语文七年级节选

每片雪花都是独一无二的，相信你也很想记录下你眼前的雪花吧，但是雪花又小又脆弱，该怎样才能更好地拍摄它们呢？寻找办法来完成这项特别的挑战吧！

8 中国古代如何计算时间？

我们现在可以通过时钟、手表、手机等工具来确定时间，安排工作学习。而古人没有这些计时工具也能将时间安排得有条有理。那么，古人是怎样计算时间的呢？

春秋时期，齐燕交战，齐国连年失利。田穰苴临危受命，并与齐景公的宠臣、监军庄贾约定："旦日日中会于军门。"穰苴先驰至军中，并下令："立表下漏，待贾。"遂在地上竖起一根杆子，以观测日影，把漏壶装上水，让水慢慢从漏壶下方小孔漏出，看刻度而知时间。次日正午，影子到了正北方，漏壶也指示时间到了，却不见庄贾。穰苴"仆表、决漏"，宣布了庄贾的迟到。

原来，庄贾在家中与亲友话别相送，直到落日西沉。田穰苴道："监军大人在受命之时就应当把自己的家庭与性命置之度外。如今敌国深侵，邦内骚动，百姓危在旦夕，这种时候，你还说什么送行！"于是，田穰苴召军正问道："按照军法，将领未按时抵达军营，该如何处置？"军正答曰："当斩。"遂斩庄贾以徇三军。

这个故事让我们看到了漏刻与圭表联用的实际记录。古人在不同的领域会使用不同的计时工具，下面介绍几种计时器。

🍃 吕才漏刻

道士炼丹、大夫诊脉，无论是皇家还是民间，都离不开计时器。漏刻自汉代起便有了很大的发展，汉武帝之前即使用单壶泄水型沉箭

漏计时。到了汉武帝时期，形成了汉代科技发展的第一个高潮，正是在那时发明了浮箭漏。而在东汉初期，发明了二级补偿式浮箭漏。唐初太常博士吕才制作了四级补偿型浮箭漏，也称吕才漏刻。这种漏刻有四匮：一是夜天池，二是日天池，三是平壶，四是万分壶。又有水海，以水海浮箭。以四匮注水，自夜天池，入日天池，以此相注，最后水入水海中，浮箭而上，来读取刻数。

表面看来，级数越多，漏刻的计时精度会越高，然而事实却恰恰相反。采用补偿壶的方法其实只需掌握定时定量的加水要领即可，最下一级漏壶壶内的水位极为稳定，其精度很高，完全可以满足当时天文观测计时的需要。因而，二级补偿式浮箭漏已足够使用。

🍃 碑漏

碑漏（如下图）属辊弹漏刻的一种，《金史》记载：金代章宗明昌年间，金章宗完颜璟巡幸之时，命宫人携星丸漏，以知时

刻。星漏丸也属辊弹漏刻，它们的原理是一样的。南宋学者薛季宣在《浪语集》中提到：一个高、宽各2尺的屏风上，贴着"之"字形竹管。有10个约半两重的铜弹丸，计时者从竹管顶端投入铜弹丸，在底部有铜莲花形的容器，弹丸落入后砰然发声，这

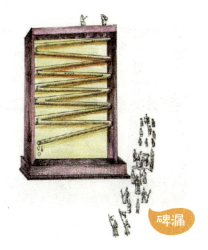

碑漏

时再投入一丸，如此往复，据此计时。竹管水平方向的倾斜角度约为15°，两管连接处的夹角为30°。以现在时间单位计算，每投一次的间隔约7.2秒。只需知道开始时间，便可知时刻。因它是人工操作，所以精度较低，而优势在于弹丸的滚落只与重力及摩擦力有关，所以使用环境不受限，因而常用于行军途中。

🍃 秤漏

　　宋仁宗庆历七年，明州制成漏刻。次年，王安石中进士担任鄞州（今浙江宁波）知县，为此地作《漏刻铭》。这时，其他州郡亦配备漏刻计时。当时的漏刻是秤漏，配圭表以校准，置于谯楼上，设有专人轮值进行测时、报时，然后通过钟、鼓、角等设备将时间播送至全城。

　　一般认为，秤漏为北魏道士李兰发明。它与传统沉（浮）箭漏最大的不同在于它的显时系统与稳恒的供水系统。秤漏一斤水对应一古刻，即14.4分钟，一两水对应54秒。较之当时箭漏用

李兰秤漏

箭尺读取刻度的方法，灵敏度与精确度均有提高。而李兰秤漏（如左图）稳恒流量的关键是渴乌。渴乌就是虹吸管，因为只有一个泄水壶，流量随壶内水位变化而变化，随着时间的推移，流量越来越小。因而，在秤漏的实际使用中，会在泄水壶放置一"浮子"浮于水面与渴乌相连。如此，无论壶内水量如何变化，水面到渴乌入水口的高度始终保持恒定，从而可以恒稳出流。

🍃 香漏

龙舟香漏

知识改变命运一事古今皆同。因而寒门子弟萤窗雪案，暮史朝经，以求功名。《南汇县续志》记载：明末时，南汇有一叶姓的寒门寡母教子读书，又恐幼子过于劳累，"尝以线香，按定尺寸，系钱于上。每晚读，则以火熏香，承以铜盘。烧至系钱处，则线断钱落盘中，锵然有声，以验时之早晚，谓之"香漏"。这种装置除却目视，通过耳闻亦可知时刻，是一种简易的自动报时工具。如此，也不至于因过于专注而误时、误事。

因成本较低，燃香计时方式广泛使用于民间。人们常以"一炷香的功夫"形容一段不长的时间。除了线香，还有以香粉打成香篆计时的方式。香篆点燃后，依篆字笔画燃烧，以知时刻。

另外，古人还以燃蜡来进行夜间计时。蜡烛上刻有五更的标识，入夜点燃，可知大概时间。香烛燃尽，晨光熹微，便起床了。

🍃 田漏

每年四月上旬，谷苗尚嫩、野草遍布，农耕者便全部出动。几十上百人为一曹，每曹安置一个田漏，用击鼓的方法指挥群众。具体为选两个德高望重的人，一人敲鼓发布号令，一人看钟漏掌握时间。歇

田漏

晌吃饭、出工收工，皆听二人指挥。鼓声响了还没到，或者到了却不努力劳作，都要受责罚。七月中旬，稻谷成熟而杂草衰败的时候，就把鼓、漏收回。

田漏是我国古代民间使用的计时器，在宋代极为普遍，上述关于田漏的记载就出自宋代苏东坡的《眉州远景楼记》。

《王祯农书》记载："大凡农作须待时气，时气即至，耕种耘籽，事在暑刻。苟或违时，时不再来。所谓寸阴可竞，分阴当

惜。此田漏之所以作也。"

其实，田漏就是一种单级浮箭漏。它由两只漏壶组成：一只为泄水壶，一只为受水壶。受水壶内装有指示时刻的箭尺，随着受水壶水位上升，箭尺也随之上浮，可读出时间。

1981 年 12 月，云南大理大展屯二号汉墓出土了一批陶器。其中的一个筒形器，有学者认为其可能是田漏。

（本文原载于《重庆晨报》，作者王立兴，有改动）

陈太丘与友期行

陈太丘与友期行，期日中。过中不至，太丘舍去，去后乃至。元方时年七岁，门外戏。客问元方："尊君在不？"答曰："待君久不至，已去。"友人便怒曰："非人哉！与人期行，相委而去。"元方曰："君与家君期日中。日中不至，则是无信；对子骂父，则是无礼。"友人惭，下车引之。元方入门不顾。

义务教育教科书语文七年级节选

古代还有许多其他的计时工具，你还知道哪些呢？

9 白洋淀的形成与发展

白洋淀有着悠久的历史，大约形成于一万年以前，其形成经历了由海而湖和由湖而陆的历史变迁，宋朝始称白洋淀。它上承九河，下注渤海，以自然风光和丰富的水产资源闻名于世。作为华北地区最大的湿地生态系统，白洋淀被誉为"北国江南""华北明珠"。那么，你知道白洋淀是如何形成的吗？

滨水而生　得水而兴

白洋淀目前水域面积为 366 平方千米，主要由 7 个万亩以上和上百个百亩以上的淀泊组成。它位于河北省保定市安新县，地处京津冀交界地区，目前行政区已划至雄安新区，故又被称为"雄安南湖"。

白洋淀年平均气温为 12.8℃，属于温带季风气候。但受湿地湖泊效应的影响，加之淀区时干时满，其变暖趋势明显。

淀，指的是较浅的湖泊。作为华北地区最大的湿地生态系

统，白洋淀在保护物种多样性、维持生态平衡等方面发挥着巨大作用。它为众多野生动植物提供了繁衍生息的家园。淀内有

白洋淀生态

鱼类 54 种，鸟类 190 多种，还有众多野生两栖动物和哺乳类爬行动物。淀间主要生长芦苇和荷叶，对调节湿地生态系统起着重要的作用。白洋淀不仅是有名的淡水渔场，还盛产优质稻米、菱藕和鸭蛋，因此被誉为华北地区的"鱼米之乡"。

将今论古　追本溯源

　　很多学者对白洋淀进行了深入的研究，提出了陨石说、河道说、气候说等众多假说。目前，更多专家趋向构造湖盆说。

　　主张构造湖盆说的学者认为，距今 6 500 万～2 300 万年，华北曾发生造山运动和差异性沉降。太行山东断裂和容城西断裂共同控制形成容城西部盆地，后被太行山北台期风化剥蚀沉积物填充。牛驼镇东断裂和大城断裂控制形成雄县东部盆地和容城山、沧县山。雄县东部盆地而后

白洋淀的芦苇丛

也被太行山甸子梁期风化剥蚀沉积物填充。距今2 300万～300万年，雄安地区继续差异沉降。太行山唐县期夷平面隆升成山，容城山沉没，容城、雄县逐渐堆积了厚度不同的松散沉积层，形成现今白洋淀的主要构造格局。

🐟 构造湖盆说的"证据"

那么，是否找到了支撑构造湖盆说的"证据"呢？

2017年，中国地质调查局组织实施了雄安新区综合地质调查工程，确定白洋淀为区域构造控制下的构造湖盆。主要提出以下3点重要依据：

白洋淀下部地层存在接近东西向延伸的徐水断裂等构造，与该区现今已知的白洋淀—文安洼—团泊洼断层延伸方向一致。

白洋淀附近容城凸起（容城县）、牛驼镇凸起（牛驼镇）和高阳低凸起（高阳县）之间存在构造不连续。淀区下部徐水断裂等构造即为三者的主要过渡带。

白洋淀下部地层构造条件与华北地区衡水洼淀带（衡水湖）和潮白河洼淀带（潮白河）相似，由此可知白洋淀为同种成因下形成的局部构造湖盆。

🐟 白洋淀的"年龄"有多大？

那么，白洋淀构造湖盆又是何时形成的呢？

雄安新区综合地质调查工程部署的大规模地质钻探，清晰地展示了雄安新区的地质历史。雄安新区地层的底部为片麻岩等变质岩构成的华北古地基，属于太古宇—古元古界构造层；中部为白云岩、泥岩和石英砂岩等海相沉积岩组成的中元古界构造层；浅部为砂岩、粉砂、泥岩等深湖相沉积岩组成的古近系构造层；上部为碎屑岩等陆相沉积岩组成的新近系—第四系构造层。安新县尹庄、三台、老河头、同口等地的科学钻探也证实，至少在1.07万年前白洋淀就出现了湖泊相沉积，这表明白洋淀构造湖盆至少有着百万年的演化历史，并一直延续至今。

🍃 以水兴城　水城共融

如今，白洋淀之于雄安，犹如西湖之于杭州。白洋淀生态环境保护与治理直接影响着京津冀区域生态安全和可持续发展过程。

曾经的白洋淀因机械船增多、上游企业排污、淀区百姓生活污水直排等原因，水质变差，水位下降。2018年以来，在保证沿线大中城市正常生活用水前提下，南水北调中线工程连年择机向白洋淀上游河流及淀内实施生态补水，加上"引黄入冀补淀"及上游水库等多源补水，补"活"了上游河流，白洋淀水位也提高了。

2020年，生态补水确保了白洋淀水位保持在7米左右。2021年，白洋淀淀区整体水质达到Ⅲ类，化学需氧量、高锰酸盐指数和总磷3项主要指标均同比下降16%以上。白洋淀水质从2017年劣Ⅴ类全面提升至Ⅲ类，是1988年恢复蓄水有监测记录以来，首次实现全域Ⅲ类水标准，白洋淀由此步入全国良好湖泊行列。

白洋淀的荷花

鱼跃水面泛涟漪，苇绿荷红蛙鸟鸣。在不久的将来，白洋淀综合治理将全面完成，届时，白洋淀定将拥有另一番精彩的景象！

（本文原载于《知识就是力量》，作者李状、韩博等，有改动）

课本联通

家里有一部《评注图像水浒传》，一打开，就被一幅幅插图吸引住了。梁山雄伟险峻，水泊烟波浩淼，水面有无边无际的芦苇，山上有一排排大房子……这一切，在我幼小的心灵里好像就是家乡长江边焦山一带。

义务教育教科书语文七年级节选

灵光乍现

白洋淀，曾是战士伏击日寇的主战场，镌刻着鲜明的红色印记。你知道发生在这里的哪些抗日故事呢？

10 生命之源——水

水是我们身边最常见和最频繁使用的物质之一。它是原始大气的组成物质之一，在常温常压下为无色无味的透明液体，是包括人类在内所有生命生存的重要资源，也是生物体最重要的组成部分。没有水，动植物将无法生存，人类的生产和生活也无法开展。哪里有水，哪里就有生命。

💧 水从哪里来？

关于地球上水的来源，众说纷纭，但总体上可归为两类：一类是原生说，另一类是外来说。

水

原生说认为，宇宙的尘埃云凝聚成地球，随着地球快速的自转，含在熔融状态的原始物质里的水分便向地表移动，最终逐渐释放出来；当地球表面温度降至 100 ℃以下时，呈气态的水凝结成雨降落到地面。也有说法认为，是火山喷发出了大量的水。

外来说则有两种看法：一种认为，大量的冰陨石降落到地面，从而源源不断地为地球带来了宇宙的水；另一种认为，太阳辐射带来携带有正电的基本粒子——质子，它与地球大气中的电子结合成氢原子，再与氧原子化合成水分子。

目前，大多数科学家认为，地球上的水是地球在漫长的历史进程中由自身形成的，即认同自生说。关于地球上水的来源的解释，都有一些事实作为根据，但都存在片面性。地球上的水到底是从哪里来的？随着科学技术的发展，相信一定能找到科学的答案。

🍃 地球上的水是怎么分布的？

地球上的水分布很广泛。它通常以固态、液态和气态的形式分布于海洋、陆地以及大气之中，形成各种水体，共同组成水圈。其中，海洋是水圈的主体，面积约 3.61 亿平方千米，

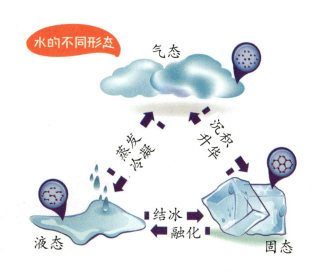

水的不同形态

气态

蒸发冷凝

沉降降水

液态

结冰 融化

固态

覆盖了地球表面约71%的面积。陆地水包括地表水（如河流水、湖泊水、沼泽水等）和地下水。生物水和大气水所占比例很小。在地球为人类提供的"大水缸"里，可以饮用的水实际上只有一汤匙。地球上的水绝大部分为咸水，约占97.2%；淡水只约占全球总水量的2.8%，其中又有约77%是人类难以利用的两极冰盖、高山冰川和永冻地带的冰雪。人类真正能够利用的是江河湖泊以及地下水中的一部分。

总体而言，世界上是不缺水的。但是，世界上淡水资源分布极不均匀，约65%的水资源集中在不到10个国家，而约占世界人口总数40%的80个国家和地区却严重缺水。人类使用水资源的不合理方式以及污染水资源更是加剧了水资源的紧张形势。

🌱 什么是水循环？

地球表面各种形式的水体是不断相互转化的。水以气态、液态、固态的形式在陆地、海洋和大气间不断循环的过程就是水循环。

在太阳辐射能的作用下，从海陆表面蒸发的水分，上升到大气中，成为大气的一部分。水汽随着大气的运动转移并在一定的热力条件下，凝结为液态水降落至地球表面；一部分降水可以被植被拦截

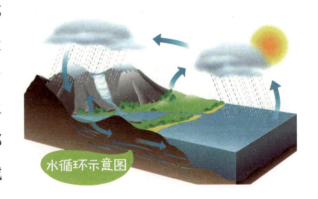

水循环示意图

或被植物散发，降落到地面的水可以形成地表径流；渗入地下的水一部分以表层径流和地下径流形式进入河道，成为河川径流的一部分，另一部分补充地下水；贮于地下的水，一部分上升至地表供蒸发，一部分向深层渗透，在一定的条件下溢出成为不同形式的泉水；地表水和返回地面的地下水，最终都流入海洋或蒸发到大气中。

在全球水循环过程中，大气环流中的水循环是最活跃的，平均每 8 天更新一次；河流中的水循环也比较活跃，平均每 16 天更新一次；湖泊平均每 17 年更新一次。

🍃 水对人体的重要性

水占人体的 70% 左右，每个器官的含水量有所不同，水分占大脑的 75%、心脏的 75%、肺的 86%、肝脏的 86%、肾脏的 83%、肌肉的 75%、血液的 94%……只要缺少 1% ~ 2% 的水分，人体各个器官就得不到充足的水分和营养。人体的水大约每 18 天便更新一次。成年人每天饮用水的标准是：每千克体重应该补充 40 毫升的水，儿童的需水量更大。

水进入人体后，是以分子团的形态存

喝水

在的，这些水分子团要进入细胞，必须通过细胞膜的特定通道。相比大分子团结构的水，那些小分子团结构的水更容易进入人体细胞内，参与生命代谢活动，把各种离子带到细胞内。同时，水是矿物质最好的载体，人体必需的矿物质有 5% ～ 20% 是从饮用水里获得的。

人体对水的吸收简单而直接。喝水之后，水大部分被小肠和大肠直接吸收，通过肠黏膜吸收至肠道毛细血管或淋巴管，成为血液的一部分流入心脏，最后由心脏输送到全身各个组织。

人体内有一个"干旱"管理机制，在人体缺水时严格分配体内储备的水，身体缺水时，让最重要的器官先得到足量的水以及由水输运的营养。而"口干"是缺水的最后征兆，当大脑感到身体缺水的信号时，身体已经"干旱"好久了。人体缺乏水分会导致体液失衡、血液的浓度增加和 pH 值降低，从而影响新陈代谢的正常进行。由于水是体内一切生理过程中不可少的介质，因此人体缺水可导致超重、高血压、糖尿病、过敏、哮喘等多种疾病。

可见，水是维持人体生命活动的最基本的物质，在机体的整个代谢过程中水都发挥着重要作用，它维持着体液的渗透压的相对平衡，并通过溶解多种电解质来调节体内酸碱度；它通过吸收热量来调节和维持人体的正常体温。而且人食入的各种营养物质都是在水的作用下，形成乳浊液或胶体溶液，才能被机体吸收和利用，同时水又将代谢过程中产生的有毒物质排出体外，起到解毒净化的作用。另外，水还是人体各个组织器官之间的润滑剂。

由此可见，水在人体的生命活动中起着极为重要的作用。是否有安全卫生的饮水，对人类的健康更是至关重要。

有一天，我正在和新娃娃玩的时候，莎莉文小姐把我原来玩旧了的大号娃娃也放到了我的膝上，并且拼写了"娃娃"这个词，她努力想使我明白"娃娃"这个词对两个娃娃都适用。那天早些时候，我们为"水杯"和"水"两个词争论了好久。莎莉文小姐试图让我记住，"m-u-g"是水杯，而"水"则是"w-a-t-e-r"，可是我却总是分不清，总把两个词混在一起。

义务教育教科书语文七年级节选

水体污染现象是指人类活动排放的污染物进入水体，引起水质下降，水资源利用价值降低或丧失的现象。你知道哪些属于水体污染的现象吗？你能为这些现象提出合理的治理措施吗？

11 《论语》中的科学指向

众所周知，《论语》中包含了政治、教育、文学、哲学以及立身处世的道理等多方面知识，似乎与科学沾不上边。但若仔细研读，却能发现其中有着明确清晰的科学指向，这一点值得肯定和宣扬。那么，《论语》中体现了哪些科学指向呢？

"时习之"——实践指向

《论语》开篇第一句就是"学而时习之，不亦说乎？"杨伯峻《论语译注》释云："一般人把习解为'温习'，但在书中它还有'实习''演习'的意义，如《礼记·射义》的'习礼乐''习射'；《史记·孔子世家》：'孔子去曹适宋，与弟子习礼大树下'，这一'习'字，更是演习的意思。孔子所讲的功课……像礼、乐、射、御这些，尤其非演习、实习不可。所以这里的'习'字以讲为实习为好。"科学的第一要义就是实践，这里的实习或演习，就是实践的指向。对《论语》的传统解读，似乎认为孔子轻

孔子

视劳动实践；其实那是在特定语境中的表述，不能代表他的主体理念。孔子少时生活在社会底层，为了生存，干过许多低下的活；当有人夸他多才多艺时，他解释说："吾少也贱，故多能鄙事。"意为：我小时候穷苦，所以学会了不少鄙贱的技艺。据匡亚明先生推测：大概扫地、做饭、洗衣、种菜、挑担、推车等日常劳动，以及给人家放羊、放牛、管理仓库甚至婚丧喜事时，做吹鼓手之类的事，他都做过。一个靠"做"打拼出来的哲人，怎么会轻视"做"呢？所以孔子的教育思想中，实践是不可缺少的重要环节。因为孔子施教的一个重要内容是"游于艺"，即让学生游憩于礼、乐、射、御、书、数六艺之中；而这个"游"就是：快乐地实践。另外，《中庸》强调"力行""笃行"，虽然为"伦理意义"层面上之"行"，但也有实践指向意义。

🍂 "博学之"——博物指向

科学是理性之花，理性之花是开放在博物广见的知识原野上的；而《论语》语境中，博物的指向是非常明确的。首先，孔子当时就是以博学多识而闻名的。《子罕》篇云："达巷人曰：大哉孔子！博学而无所成名。"意为：里巷之人感叹说：伟大呀，孔子！

学问广博，可惜还没有成就功名。博学，是孔子治学的第一境界，《颜渊》篇强调"君子博学于文"；其得意门生子夏在《子张》篇中亦云"博学而笃志"；儒学经典《中庸》里，编织的"学习五部曲"中，第一部就是"博学之"。孔子这里强调的博学，不仅是指伦理上的礼仪

知识，还指鸟兽虫鱼等自然知识。在《阳货》篇中孔子告诫其弟子："小子何莫学夫诗……多识于鸟兽草木之名。"《史记·孔子世家》载：季桓子穿井得土缶，中有羊，故意测试孔子说得狗；孔子回答说：土之怪为坟羊。吴伐越，得骨节专车，吴使问孔子：骨何者最大？孔子回答说：禹杀防风氏"其节专车，此为大矣"。据有些学者统计，《论语》中引天文资料六则、理化资料八则、动植物资料二十一则。总之，有关于自然知识的资料三十五则。博物虽不等于科学，但却是科学的最重要的"催生剂"，没有博物广见的知识视野，便不会有科学的发现。故博物的指向就是科学的指向。

🍃 "子不语"——唯实指向

科学的特质就是实事求是，"实事"是科学必要而唯一的前提，"求是"则是建立在"实事"基础之上的。《述而》篇云"子

不语怪力乱神”，即孔子不谈论怪异、勇力、叛乱、鬼神之事；当然，除了不利于教化之外，怪异、鬼神又是子虚乌有之事，故而孔子不愿意因此虚妄之事，而耗费他宝贵的精力。孔子可以说是一个清醒的现实主义者，他面对现实，正视现实，关注现实，不讲虚无缥缈之事。《先进》篇载：“季路问事鬼神。子曰：‘未能事人，焉能事鬼？’曰：‘敢问死。’曰：‘未知生，焉知死？’”这就是说，孔子关注的是眼前活脱脱的人生，至于鬼神与死，那是虚无缥缈之事，孔子是不感兴趣的。纵观孔子的一生，他是务实的：先是在鲁国济世救民，实施自己的政治主张；而后又周游列国，热心宣传推行自己的政治主张；当现实无情地拒绝了他的时候，他就返回鲁国专心办教育、整理文化遗产。他的一生是务实的一生，建树的一生，创造的一生。难怪庄子感叹其：“六合之外，圣人存而不论。”就是现实世界之外的事，圣人保留它但不去探究。著名学者杨伯峻先生云：“我认为只有庄子懂得孔子……庄子所说的‘圣人’无疑是孔子。”就是说孔子不会去探究现实世界之外的事情。虽然此说法限制了他的想象力，但这种“唯实是求”的态度，在当时特定的历史条件下还是可取的，因而可以说，唯实的指向就是科学的指向。

🍃 “多闻阙疑”——严谨指向

严谨、精确是科学的第一品格。孔子在教诲学生时，就特别强调严谨的治学态度。《为政》篇教导子张：“多闻阙疑，慎言其余，则寡尤。"即多看，有怀疑的地方加以保留，知道的也要谨慎言之，这样就能减少过错。在谈论"正名"问题时，率真的子路回敬其"子之迂也"，孔子马上教训子路："野哉，由也！君子于其所不知，盖阙如也。"即鲁莽呀，仲由！君子对于他所不知道的，只能取保留的态度。正如教诲子路的经典名言："知之为知之，不知为不知，是知也。"知道就是知道，不知道就是不知道，这才是明智的态度。实际上这是一种求实求是的、严谨的科学态度。凡可称得上"思想家"的人，思维应该都是非常严谨的。尤其是在特定的语境中，讲话不能绝对化，应该留有余地，因为人不会是全知全觉的。孔子在自己的一生中，始终是一个谦谦君子的形象，话语的分寸感很强。故，那些经得起历史老人掂量的、至今还富有生命活力的警句，都是其从当时特定的"实事"中求出来的"是"；是经得起实践检验的。孔子在《论语·卫灵公》篇中有云："吾尤及史之阙文也。"即我还能看到史书中存疑的地方。对史书存疑，就是古代史官修史时，所持的一种严谨的治史态度：重史料、重证据，有几分材料说几分话。故，严谨的指向也是一种科学的指向。

先师讲学

虽然时过境迁，《论语》的生成语境与当今语境有天壤之别，但那些闪烁着哲理火花的警句，至今为人所津津乐道，还在影响着当代生活就是因其具有丰富的科学内涵。故《论语》语境中，虽没有系统的科学思想，但却有明确、清晰的科学指向。这是一种宝贵的精神资源，有待我们去发现、开掘、传承。

（本文原载于《科学日报》，作者王建堂，有改动）

子曰："学而时习之，不亦说乎？有朋自远方来，不亦乐乎？人不知而不愠，不亦君子乎？"（《学而》）

子夏曰："博学而笃志，切问而近思，仁在其中矣。"（《子张》）

义务教育教科书语文七年级节选

想一想：该如何把本文中提到的科学精神运用到生活中？

12 哥伦布真的不知道新大陆？

哥伦布在西班牙国王的支持下，先后4次出海远航，开辟了横渡大西洋到美洲的航路。哥伦布在帕里亚湾南岸首次登上美洲大陆，成为名垂青史的航海家。哥伦布是人类历史上最为出色的航海家之一，他发现新大陆的事迹为人们所熟知。但他并不承认发现了美洲，那他又将美洲当成了何处？

当人们谈论起美洲的时候，总是说："哥伦布是第一个发现美洲的人。"

奇怪的是，哥伦布自己并不承认他发现的是美洲，而是认为来到了亚洲！

哥伦布诞生于热那亚共和国（今意大利西北部），从小最爱读《马可·波罗游记》。

马可·波罗（约1254—1324）是意大利威尼斯人，著名的旅行家。他曾游

马可·波罗

历过中国、缅甸、印度。后来，在意大利的内战中，马可·波罗被捕，关在监狱里无事可做，便由他口述，请同狱的鲁思梯谦笔录，写成了《马可·波罗游记》。马可·波罗获释后，《马可·波罗游记》得以出版，很快销售一空，成为畅销书。人们曾开玩笑说，如果马可·波罗不坐牢的话，也许就没有《马可·波罗游记》了。

哥伦布从《马可·波罗游记》里得知，中国、印度这些东方国家富庶极了，简直是"黄金遍地，香料盈野"，于是幻想能够远游，去那诱人的东方世界。

长大后，哥伦布一直想去东方。本来，人们都是通过欧洲大陆来到东方。由于那时欧洲大陆受土耳其和阿拉伯控制，不易通过，哥伦布便向意大利地理学家托斯堪内里请教，得知沿着大西洋一直往西航行，也能够到达东方。

哥伦布想坐船去东方。可是，他双手空空，谈何容易！

于是，哥伦布制订了一个远航计划。他先向葡萄牙国王建议，未被采纳，后来又请求西班牙国王给予支持。1486 年 5 月，西班牙王后伊莎贝拉召见哥

哥伦布

伦布，虽然她对哥伦布的计划很感兴趣，可是没有马上答应下来。

一直到 1491 年底，西班牙国王斐迪南二世和王后伊莎贝拉接见哥伦布，几经周折，才总算答应给予支援。

国王给了哥伦布3艘破旧的帆船。可是，谁也不愿去远征，怕在半途中葬身鱼腹。后来，国王从刑事犯中挑选了一批人给哥伦布当水手。

1492年8月3日清晨，哥伦布带领87名水手，驾驶着"圣玛丽亚"号、"平特"号、"宁雅"号3艘帆船，离开了西班牙的巴罗斯港（塞维利亚港的古称），开始远航。

这是一次横渡大西洋的壮举。在这之前，谁都没有横渡过大西洋，不知道前面是什么地方。

海上的生活非常单调，水天茫茫，无垠无际。过了一天又一天，过了一周又一周，水手们渐渐沉不住气了，吵着要返航。

那时候，大多数人认为地球是一个扁圆的大盘子，再往前航行，就会到达地球的边缘，帆船就会掉进深渊！

然而过了一天又一天，过了一周又一周，还是天连着水，水连着天。越来越多的人沉不住气了，要求返航的呼声越来越高，唯独哥伦布坚持向西航行。最后，他不得不把剑拔出来，强迫水手们向前航行。

就这样，他们在茫茫大海之中度过了两个多月。1492年10月11日，哥伦布看见海上漂来一根芦苇，高兴得跳了起来！有芦苇，就说明附近有陆地！于是，他们加强了瞭望。

果真，11日夜里10点多，哥伦布发现前面有隐隐的火光。12日拂晓，水手们终于看到一片黑压压的陆地，全船发出了狂欢声！

他们在海上航行了两个月零九天，终于到达美洲巴哈马群岛的华特林岛。哥伦布把这个岛命名为"圣萨尔瓦多"，意即"救世主"。

哥伦布虽然踏上了新大陆——美洲，可是，他认为这是亚洲。因为那时人们根本不知道欧洲与亚洲之间，还存在着一个美洲——哥伦布压根儿连想都没想到过！

哥伦布和水手们发现新大陆

哥伦布在美洲游历了一番。很遗憾，并不是马可·波罗吹嘘的那样"黄金遍地，香料盈野"。

哥伦布把39个愿意留在新大陆的人留在那里，把10名俘来的印第安人押上船。1493年3月15日，哥伦布返回西班牙巴罗斯港。

回来以后，哥伦布受到了西班牙国王和王后的隆重接待。哥伦布向人们报告，他到达了"印度群岛"，到达了"日本"。

后来，哥伦布又3次横渡大西洋。不过，他的声誉不是越来越高，而是越来越低。这是因为西班牙国王和王后派他远航，为的是从"黄金遍地"的东方掠取黄金。可是，哥伦布并没有带回成箱成箱的黄金，只带回一点从印第安人那里抢来的黄金首饰。

1500年10月，哥伦布被西班牙的国王和王后加上镣铐，英雄变成了阶下囚。他被指责为"骗子"。

哥伦布横渡大西洋

1506 年 5 月 20 日，哥伦布在贫病之中默默死去。临死，哥伦布仍然认为，他远航所到的是亚洲！

1519 年，葡萄牙人麦哲伦（约 1480—1521）继承哥伦布未竟之业，做了一次环球旅行。直到这时，人们才证实了哥伦布发现的是美洲，而不是亚洲。直到这时，地球是一个圆球，才得到事实的证明。

尽管哥伦布并不承认他发现的是美洲，但是后人仍尊重他的功绩，把他誉为"发现美洲的人"（据考证，在哥伦布之前 1 000 多年，中国一位名叫慧深的和尚曾到达美洲）。

（本文选自《叶永烈讲述科学家故事 100 个（上）》，有改动）

子曰："学而时习之，不亦说乎？有朋自远方来，不亦乐乎？人不知而不愠，不亦君子乎？"（《学而》）

义务教育教科书语文七年级节选

古今中外的历史上，有多位著名的航海家，他们为人类认识世界和人类历史进步作出了极大的贡献。除了哥伦布和麦哲伦，你还知道哪些航海家？他们都有哪些成就？

13 显微镜的发明

显微镜的发明为人类科学发展作出了很大的贡献，为人类打开了很多未知的领域。那么显微镜是谁发明的呢？显微镜的发明故事又是怎样的呢？下面一起来了解吧！

显微镜是谁发明的？

显微镜是认识微观世界的重要工具，主要用于放大微小物体使其能够被人的肉眼所看到。最早的显微镜是由一个或几个透镜组合而成的一种光学仪器——光学显微镜，这是人类进入原子时代的标志。

光学显微镜由荷兰人詹森（Jansen）父子发明。1595年，当还是小伙子时，詹森偶然将两个不同的凸透镜重叠起来，然后通过拉伸两块透镜的距离来观察物体，当两个透镜之间距离适当的时候，他看到物体被放大了许多倍。回家后，詹森将自己的发现告诉了父亲，之后父子俩便一起研究制成了第一台复式显微镜。

此后，科学家们在詹森父子显微镜雏形的基础上，通过改进而不断提高放大倍数。而今，光学显微镜可以把物体放大 1 500 倍。在医学史上，对显微镜研制作出巨大贡献的人是荷兰的安东尼·范·列文虎克（Antonie van Leeuwenhoek），他将显微镜的放大倍数提高到了 300 倍左右，被称为"显微镜之父"。由于他通过显微镜发现了微生物世界，因此又被称为"微生物学的开拓者"。

安东尼·范·列文虎克

显微镜之父——列文虎克

1632 年 10 月 24 日，列文虎克出生于荷兰代尔夫特的一个酿酒工人家庭。他的父亲很早就去世了，在母亲的抚养下，他读了几年书，16 岁时就一个人外出谋生，在阿姆斯特丹的一家杂货铺当学徒。杂货铺的隔壁是一家眼镜店，列文虎克对眼镜店里的透镜产生了兴趣，空闲时便到眼镜工匠那里学习磨制透镜的技术。

20 岁时，列文虎克回到代尔夫特开了一家布店，不过他可不是经商的料，生意做得并不好，于是没过几年就转行做了代尔夫特市政厅的看门人。看门人的工作比较轻松，使他有很多空闲时间，于是在闲暇之际又做起了自己喜欢的事情——磨透镜，并用自己磨制的凸透镜观察自然界的细微物体。

列文虎克痴迷于透镜的磨制，还十分用心，反复琢磨。正所谓功夫不负有心人，他终于成功磨制出一个直径只有 3 毫米，却能将物体放大 200 倍的镜片。他把镜片镶嵌在木片挖出的孔洞内，用来观察微小的物体。他透过镜片看到了鸡毛的绒毛变得十分粗大，跳蚤和蚂蚁的腿也变得粗壮而强健。

在巨大的兴趣驱使下，列文虎克不但辞去了公职，还把家里一间空房改作了实验室，一心磨制透镜和制作显微镜。特有的天赋加上无比的勤奋，使得他磨制的透镜远超过同时代人。他制作的放大镜和显微镜的形式很多，透镜材料有玻璃、宝石、钻石等，渐渐地，他制作的显微镜不仅越来越多、越来越大，而且越来越精巧、完善，最大可以将物体放大 300 倍。

列文虎克用显微镜观察了人和各种动物的红细胞，并在蝌蚪的尾巴上看到了血液在毛细血管里流动，证实了马尔切罗·马尔皮基（Marcello Malpighi）的发现。他最早记录了肌纤维，描述了动物精子的形态，发现了单细胞原生动物。他从一位老人的牙缝中取出一些牙垢，放在显微镜下仔细观看，发现有的微小生物像火柴棍，有的像小球，有的边上还长着绒毛在不停地游来游去。这些微小生物是什么，列文虎克并不知道，直到 200 年后，人们才知道它们

安东尼·范·列文虎克观察物体

就是无处不在的细菌。

列文虎克的工作是保密的，他总是独自在小屋里耐心地磨制镜片制作显微镜，或观察他所感兴趣的东西，从不允许人参观。但是，这一切对他的一位朋友——医生兼解剖学家、英国皇家学会通讯会员雷格尼尔·德·格拉夫（Regnier de Graaf）是个例外。

格拉夫详细了解了列文虎克的工作后大吃一惊，对他给予了极高的评价，并建议他将自己的研究与发现向英国皇家学会报告。通过格拉夫的介绍，列文虎克和英国皇家学会建立了联系。1673—1723 年间，列文虎克将自己的工作与发现陆续以通信方式报告给英国皇家学会，其中绝大多数都发表在《皇家学会哲学学报》上。1680 年，他成为该学会的会员。

尽管列文虎克没有受过高等教育，缺少正规科学训练，但他制作显微镜，并对肉眼看不到的微小世界所进行的细致观察、精确描述和众多惊人发现，拉开了微生物学的序幕，对 18 世纪和 19 世纪初期细菌学和原生动物学研究的发展，起了奠基作用。

🍃 光学显微镜结构

普通光学显微镜的构造主要分为三部分：机械部分、照明部分和光学部分。

机械部分

（1）镜座：是显微镜的底座，用以支持整个镜体。

（2）镜柱：是镜座上面直立的部分，用以连接镜座和镜臂。

（3）镜臂：一端连于镜柱，一端连于镜筒，是取放显微镜时手握的部位。

（4）镜筒：连在镜臂的前上方，镜筒上端装有目镜，下端装有物镜和转换器。

（5）转换器：简称"旋转器"，接于棱镜壳的下方，可自由转动，盘上有 3～4 个圆孔，是安装物镜的部位，转动转换器，可以调换不同倍数的物镜。听到碰叩声时，方可进行观察，此时物镜光轴恰好对准通光孔中心，光路接通。转换物镜后，不能使用粗调节器，只能用细调节器，来使物像清晰。

（6）载物台：在镜筒下方，形状有方、圆两种，用以放置玻片标本，中央有一通光孔。我们所用的显微镜，其载物台上装有玻片标本推进器（推片器），推进器左侧有弹簧夹，用以夹持玻片标本，载物台下有推进器调节轮，可使玻片标本左右、前后移动。

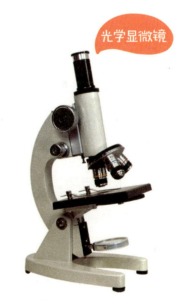

光学显微镜

（7）调节器：是装在镜柱上的大小两种螺旋，调节时能使载物台进行上下方向的移动。

①粗准焦螺旋：大螺旋称粗调节器，移动时可使载物台进行快速和较大幅度的升降，所以能迅速调节物镜和标本之间的距离使物像呈现。通常在使用低倍镜时，先用粗调节器找到物像。

②细准焦螺旋：小螺旋称细调节器，移动时可使载物台缓慢

地升降，多在运用高倍镜时使用，从而得到更清晰的物像，并借以观察标本不同层次和不同深度的结构。

照明部分

装在载物台下方，包括反光镜、集光器。

（1）反光镜：装在镜座上面，可向任意方向转动，它有平、凹两面，其作用是将光线反射到聚光器上，再经通光孔照到标本上。凹面镜聚光作用强，适于光线较弱的时候使用；平面镜聚光作用弱，适于光线较强时使用。

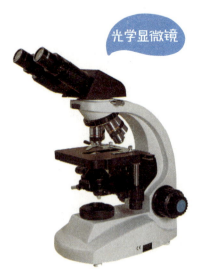

光学显微镜

（2）集光器（聚光器）：位于载物台下方的集光器架上，由聚光镜和光圈组成，其作用是把光线集中到所要观察的标本上。

①聚光镜：由一片或数片透镜组成，起汇聚光线的作用，加强对标本的照明，并使光线射入物镜内。镜柱旁有一调节螺旋，转动它可升降聚光器，以调节视野中光亮度的强弱。

②光圈（虹彩光圈）：在聚光镜下方，由十几张金属薄片组成，其外侧伸出一柄，推动它可以调节其开孔的大小，以调节光量。

光学部分

（1）目镜：装在镜筒的上端，通常备有 2～3 个，上面刻有"5×""10×"或"15×"符号来表示其放大倍数。

（2）物镜：装在镜筒下端的旋转器上，一般有 3～4 个物镜，其中最短的刻有"10×"符号的为低倍镜，较长的刻有"40×"符号的为高倍镜，最长的刻有"100×"符号的为油镜。此外，高倍镜和油镜上还常常加有一圈不同颜色的线，来区别这两种物镜。

显微镜的放大倍数是物镜的放大倍数与目镜的放大倍数的乘积，如物镜为"10×"，目镜为"10×"，其放大倍数就为10×10=100。

显微镜目镜长度与放大倍数呈负相关，物镜长度与放大倍数呈正相关。即目镜长度越长，放大倍数越低；物镜长度越长，放大倍数越高。

🍃 电子显微镜结构

电子显微镜由镜筒、真空系统和电源柜三部分组成。镜筒主要有电子枪、电子透镜、样品架、荧光屏和照相机构等部件，这些部件通常是自上而下地装配成一个柱体；真空系统由机械真空泵、扩散泵和真空阀门等构成，并通过抽气管道与镜筒相连接；电源柜由高压发生器、励磁电流稳流器和各种调节控制单元组成。

电子透镜

电子透镜是电子显微镜镜筒中最重要的部件，它是利用一个对称于镜筒轴线的空间电场或磁场来使电子轨迹向轴线弯曲形成聚焦的，其作用与玻璃凸透镜使光束聚焦的作用相似，所以称为电子透镜。现代电子显微镜大多采用电磁透镜，是由很稳定的直流励磁电流通过带极靴的线圈产生的强磁场来使电子聚焦的。

电子枪

电子枪是由钨丝热阴极、栅极和阴极构成。它能发射并形成速度均匀的电子束，所以要求加速电压的稳定度不低于万分之一。

（本文原载于医学的历史与文化公众号，作者王平，有改动）

白求恩同志是个医生，他以医疗为职业，对技术精益求精；在整个八路军医务系统中，他的医术是很高明的。这对于一班见异思迁的人，对于一班鄙薄技术工作以为不足道、以为无出路的人，也是一个极好的教训。

义务教育教科书语文七年级节选

你知道如何正确使用显微镜吗？查阅资料，了解显微镜的使用方法。有条件的话，还可以用显微镜观察玻片标本。

14 为什么说猫有九条命？

猫比狗更有灵性和神秘感，狗的表达是外放的，它会用身体很明显地表现出来，而猫的表达是内敛的，这使它显得更加神秘。传说猫有九条命，当然这只是传说，并未得到验证。那么，为什么说猫有九条命呢？

🍃 猫是否有九条命

传说猫有九条命，每当猫养到 9 年后就会长出一条尾巴，每 9 年长一条，最终会长 9 条，有了 9 条尾巴的猫再活 9 年就会化成人形，这时猫才是真正有了九条命，在传说中也叫九命猫妖。

科学家发现，猫的中枢神经系统具有超强的自我修复能力。

2009 年，美国威斯康星大学麦迪逊分校的一个研究小组的研究显示，猫体内的髓磷脂（myelin）具有自我恢复的功能。髓磷脂是神经元外侧的脂质，起到保护和绝缘的作用。如果人类中枢神经系统出现故障，这一绝缘脂质就会降解，丧失功效，其中最常见的情况就是多发性硬化症（multiple sclerosis）。

猫

"这项研究最根本的一点是，它清楚地证明了在严重的神经系统疾病中，大规模的髓鞘再生可以恢复机体功能。"美国威斯康星大学麦迪逊分校的神经学家伊恩·邓肯（Ian Duncan）如是说（邓肯是这个研究小组的组长），"同时，研究也指出了中枢神经系统具备强大的自我修复能力。"

这项研究结果意义深远，因为它强调了髓磷脂再生的可行性。例如，在一系列神经系统疾病中，如果髓磷脂遭到破坏，而神经元却完好无损，那么我们就可以利用此种方法进行治疗。

髓磷脂是形成于神经元外部的脂肪鞘，协助神经元传递神经信号，俗称神经轴突（axon）。由疾病造成的髓磷脂损失，会损害感官、行为、认知等功能，而正因如此神经元才会遭受侵袭。

这项新的研究起源于一群怀孕的猫，这些猫患有某种神奇的疾病。某公司用放射线照射过的食物喂养这些猫，并观察这一饮食机制可能对猫产生何种影响。最后报道称，其中一些猫出现了严重的神经机能失调，包括运动障碍、失明以及瘫痪。如果取消这种饮食机制，这些猫又会慢慢恢复机能，并且最终能完全康复。

脱髓鞘疾病专家伊恩·邓肯说："这种饮食机制实施 3～4 个月之后，怀孕的猫就开始逐渐出现精神系统疾病。但是如果饮食恢复正常，它们的各种机能又会慢慢恢复。这是一种令人费解的脱髓鞘疾病。"

据邓肯描述，染病猫的中枢神经系统会出现严重的、大范围的脱髓鞘。这些猫表现出来的神经系统症状与患有脱髓鞘疾病的人表现相似，然而，这一疾病却似乎与任何已知的人类髓磷脂相关疾病都不一样。

那些恢复正常饮食机制的猫身体康复很慢，之前所有脱髓鞘的轴突都再生了髓鞘，但这些恢复的髓鞘没有健康的髓磷脂厚实。

邓肯说："这很不正常。但是从生理学角度来看，这个新的髓磷脂薄膜确实恢复了功能，它继续承担着以前的工作。"

"在任何神经元未被破坏的地方，中枢神经系统都具有塑造新的髓磷鞘的能力。这强有力地支持了我们的观点：在诸如多发性硬化症这样的疾病中，如果髓磷脂可以重塑，那么患者就有可能重新获得丧

吃东西的猫

失的功能。"邓肯说，"关键是，这证实了髓磷鞘再生重要的临床意义。"

"实验中引起猫患有神经系统疾病的具体原因尚不知晓。"邓肯这样说，他最初并没有参与这项饮食机制实验。

"我们认为，（被辐射的食物）不大可能会影响人类的健康。"邓肯解释说，"我想这应该是这一物种特有的反应。重要的一点是，我们必须注意到，这些猫是在食用被辐射的食物一段时间后才出现病症的。"

🍃 猫的呼噜声

猫在休息时，喉咙中常会发出呼噜呼噜的声音。有人认为这是猫在打呼，但美国科学家却发现这是猫自我治疗的方式之一。人们之所以称猫有九条命，与猫休息时打呼有密不可分的关系。

科学家指出，无论是家猫还是野猫，在受伤后都会发出呼噜呼噜的声音。这种由喉头发出的呼噜声有助于它们治疗骨伤及器官损伤。科学家从人类实验中也发现，将人体暴露在如同猫打呼声的声波下，有助于改善人类的骨质。

美国北卡罗来纳州区系动物沟通研究所所长马金·瑟纳尔表示，由于猫科动物可以借自

睡觉的猫

己发出的声波疗伤，因此"九命怪猫"的传说并非荒诞不经。

虽然说猫有一定的自我治疗的能力，但是这并不代表猫不需要保护，在日常生活中，保证猫不生病和不受伤仍然非常重要。

🍃 猫受伤后如何处理

猫的自愈能力较强，一些情况下能自己舔舐伤口，让伤口自然恢复。但是许多的流浪猫就是因为伤口没有及时处理，从而落下残疾甚至失去生命。所以，如果猫受伤了，一定要及时处理。

1. 清理伤口

猫受伤后，应该先检查伤口，并送往宠物医院交由专业兽医医治。如果伤口不大、流血不多且没有骨折，也可在家处理。

处理伤口时，先要把猫伤口周围的毛剃掉，避免毛发进入伤口引起炎症。然后拿生理盐水清洗，把伤口中的毛发、异物和血块冲洗出来。清洗完后再拿过氧化氢或碘伏涂在猫的伤口上面。为避免猫挣扎和误伤到人，清洗时要给猫戴上伊丽莎白项圈。

2. 包扎伤口

伤口清洗完后，还要帮猫包扎好伤口，才不会导致伤口恶化。要在猫的伤口上面喷洒药，一定要覆盖伤口，然后再拿棉花压住，用胶布固定住棉花，最后再拿纱布包住猫的整个伤口。这主要是保护猫的伤口不被细菌感染，也防止猫舔舐伤口。

3. 补充营养

猫受伤期间，要补充足够的营养，伤口才能快点好。可以喂食一些肉粥、鱼汤等，干猫粮和肉罐头要适量，以免伤口出现炎症。

（本文原载于波奇网，有改动）

课本联通

我家养了好几次的猫，结局总是失踪或死亡。三妹是最喜欢猫的，她常在课后回家时，逗着猫玩。有一次，从隔壁要了一只新生的猫来。花白的毛，很活泼，常如带着泥土的白雪球似的，在廊前太阳光里滚来滚去。

义务教育教科书语文七年级节选

灵光乍现

你有养过猫吗？你知道养猫需要注意些什么吗？

15 动物如何为自己导航？

一些动物具有精准的导航能力，它们有时旅程长达数千千米，却从不迷路，不管经过多长时间，总是能回到自己的出生地，从不迷失方向。它们究竟是靠什么来导航的呢？

来自得克萨斯大学的研究人员已经确认了动物体内的首个地球磁场传感器，它位于小蠕虫的

蠕虫大脑内部的磁场传感器

脑部。在蠕虫大脑内部，位于神经元尖端（绿色部分）类似电视天线的结构，就是目前确认的首个地球磁场传感器。这为研究动物体内的罗盘如何工作提供了线索。

大雁、海龟和狼等动物迁徙时，都被认为是使用了地球磁场来进行路径导航。但到目前为止，科学家尚未了解具体情况。本

次在蠕虫中发现的传感器，是位于神经元末端的微型结构，其他物种可能也同样拥有。这个传感器看起来像一个纳米级别的电视天线，它会指引蠕虫在地下行走。

Jon Pierce–Shimomura 是得克萨斯大学自然科学学院神经科学的副教授，也是研究团队的成员。他说道，我们认为，同样的东西也被蝴蝶和鸟等物种所使用，这个发现第一次给予了我们一个理解其他动物磁感应的立足点。

狼群迁徙

研究人员发现，饥饿的蠕虫会向下移动，这可能是它们寻找食物的一种策略。

当研究人员把从世界各地找来的蠕虫放在实验室里时，他们发现蠕虫不往下爬了。这些虫子来自不同的地方，例如夏威夷、澳大利亚或者英国。不同地区的蠕虫，它们会移动到某个地磁精确的

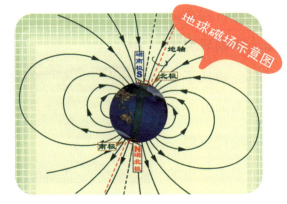

地球磁场示意图

角度，这个角度就是不同虫子认定的自己的家。例如，澳大利亚的蠕虫会往实验管的上方移动。而地磁场方向在每个地区都不一样，因此每种蠕虫的磁场传感系统都会微调到当地的环境，用来告诉虫子们身处何方。

该研究的首席作者是 Andrs Vidal-Gadea，他以前是得州大学奥斯汀分校自然科学学院的博士后研究员，现在就职于伊利诺伊州立大学。他指出，蠕虫是众多土壤生物中的一种，而很多土壤生物都已经会垂直迁徙了。

Vidal-Gadea 说道："地磁探测在土栖生物中非常普遍，我对此很感兴趣。"

神经学家和工程师已经使用线虫来研究阿尔茨海默病和成瘾症，他们也发现了蠕虫探测湿度的能力。该工作使得科学家们进一步提出问题：蠕虫是否能够感知更多，如地磁。

2012 年，来自贝勒医学院的科学家宣布，他们发现了鸽子脑中拥有处理磁场信号的细胞，但是没有发现是鸽子身体的哪一部分来感知磁场。其他研究团队则提出是鸟耳中的磁探测元件。

Pierce-Shimomura 说道："寻找到首个磁场感应神经元，这是一场激烈的科研竞赛。我们认为我们已经使用蠕虫赢得了比赛，因为大家都认为蠕虫能够感知到地磁场。"

鸽子

神经元磁场传感器，也被称为 AFD 神经元，目前已经知道的是它们能够感知二氧化碳浓度和温度。

研究人员通过特殊的磁线圈系统，改变磁场信息，然后观察蠕虫的行为变化，从而发现了蠕虫的磁场感应能力。他们还发现了有 AFD 神经元缺陷的蠕虫不会上下爬动。最终，研究人员使用了一项叫作钙成像的技术来演示磁场变化引起 AFD 神经元的活动。

（本文原载于搜狐网，有改动）

老舅当即明白了我的话意，不无遗憾地说："有倒是有……只有一对。"随之又转换成愉悦的口吻："白鸽马上就要下蛋了，到时候我把小白鸽给你捉来，就不怕它飞跑了。"老舅大约看出我的失望，继续解释说："那一对老白鸽你养不住，咱们两家原上原下几里路，它一放开就飞回老窝里去了。"

义务教育教科书语文七年级节选

除了文中提到的这些动物，你还知道哪些动物有导航能力？它们是如何导航的？

16 狼为什么要对月嚎叫？

提起狼，人们很容易想到成群的野狼追击猎物的画面，以及深夜间，那一声声听起来非常恐怖的狼嚎。那么，狼为什么总爱对着月亮嚎叫呢？

🍃 狼的特征与分布

狼的外形与狗和豺基本相似，其四肢修长，体形较瘦，奔跑速度较快。狼的鼻端突出，耳朵直立而且较尖，因此，嗅觉灵敏，听觉发达。狼多喜欢群居，奔跑快，有耐力，通常以穷追不舍的方式来俘获猎物，主要捕捉羚羊、鹿、兔子等动物。

🍃 狼的群居生活

狼喜欢群居，正常情况下，一群狼的数量为 7 匹左右，比较大的狼群达到过 30 匹以上。狼群内部，等级制度非常森严，一般以家庭为成员的狼群会以一对比较有优势的配偶为首领，以兄弟姐妹为成员的狼群则会以最强悍的狼为首领。狼群均有各自的领域范围，而且领域范围不相互重叠。狼会以嚎叫声来向其他群体宣告自己的势力范围，并在各自的范

狼群

围内活动。幼狼长大后，有的会留在群内负责照顾弟妹，有的可能会继承群内的优势地位，而有的公狼则会离开，去组建新的狼群。

虽然狼曾经一度成为地球上食物链的最高霸主，但是，狼却不是最凶猛的动物。狼的强大，全来源于其团体作战的能力。成员们非常团结，它们共同防御敌人的侵扰，组成捕猎队对猎物进行穷追猛赶；合作哺育幼仔，并通过团队作战来使后代免于其他动物的侵害，因此，狼的生存能力极强，可以说除了团队合作精神更强的人类是狼的天敌外，其他的动物基本上都敌不过战斗力极强的狼群。面对狼的快速奔跑，强耐力以及狼群的前攻后堵，任何强悍的动物都会被追逐得精疲力竭，而不得不成为盘中餐。

🍃 野性呼唤与同伴交流

狼群喜欢在夜间展开猎杀，过了傍晚，饥饿的狼群便会出门捕猎，边走边发出低嚎。众所周知，大部分动物的叫声是联系彼此的通信信号，狼也是如此，而且在不同情况下，狼还会发出不同的叫声。

狼群夜晚嚎叫的目的一般是呼唤伙伴。比如母狼常常通过嚎叫来呼唤小狼；幼狼饥饿时也会发出尖细的叫声呼唤母狼；公狼会呼唤母狼集合，然后外出猎食；繁殖期，狼会通过嚎叫来找寻配偶。

许多文学作品中喜欢这样描写荒原夜景："在天气晴朗、星光明亮的夜晚，皓月当空，山坡上，一只狼仰头长嚎，仿佛是孤独的象征。"事实上，这仅仅是人们的浪漫想象，这头狼很大可能在驱逐踏入自己领地的陌生孤狼。

所以狼群并非像我们想象的那样喜欢对月孤嚎，反而是有皓月的时候人们才能清晰地看到、拍到嚎叫时的狼群。再加上主观的想象，就会觉得狼群是对着月亮嚎叫的。

知识小贴士

每头狼都有自己独特的声音，也有自己喜欢的音域。一旦它们发现自己和同伴发出相同的声音，便会躁动，直到声音恢复到不和谐的状态，才会平静下来。这可能与它们的"合唱"的初衷有关。狼总是想通过嘈杂的嚎叫，来向其他狼宣告自己的存在，而那些嘈杂的、不断变化的音调，似乎可以营造更大的声势，让那些觊觎它们领地的其他狼群感受到它们的强大与兴盛，从而望而却步，打消侵袭的念头。

科学家们对狼嚎叫的研究

多年来，研究者们一直致力于研究狼嚎。有圈养狼群的研究者惊奇地发现，狼嚎的模式与狼群的大小、头狼是否在场有着密切的关系。研究者大胆猜测，也许狼嚎并不是简单的信息交流。

狼嚎

2008 年，认知行为学家兰杰亲手饲养了 9 只狼。这些未经历过自然"毒打"的小狼们压根不会捕猎，但仍会随意地嚎叫。

小狼六个星期大时，兰杰带它们出去散步。每带走一只，剩下的小狼就会开始嚎叫。究其原因，主要是圈养的狼没有天然家庭，所以它们自发组建了带有等级制的狼群，每只狼都有一个能在一起玩、相互理毛、一起睡觉的"偏爱对象"。

为了验证自己的想法，接下来的几个星期，兰杰把每只狼都带走过。每一只都是散步前随机挑选出来的，每次小狼离开不到 20 分钟，狼群就开始骚动，但被带走的那只大多数情况下都不作回应。

后来他们发现，头狼离开时，狼群嚎叫得最多。而当某只狼的"偏爱对象"离开时，它叫得更欢。以此，兰杰认为狼嚎间接反映了狼群之间的社会关系。

这时有人提出疑问，这嚎叫会不会是焦虑导致的？于是兰杰收集了狼的唾液，测量了表皮激素的浓度，发现焦虑和嚎叫并非总能挂钩。虽然头狼离开时，从数值看来狼群会十分焦虑，但配偶离开时却并非如此。虽然它们嚎叫不停，但显然没有十分焦虑。

所以不难看出，狼的嚎叫并非无脑冲动，而是有计划性的。它们在试图通过嚎叫来联系上重要的狼群角色，让狼群聚到一起。

这与明尼苏达大学的狼生物学家戴夫·梅克的"狼嚎的主要原因确实是猎杀后聚拢狼群"的观点十分契合。他在野外追踪了15只狼,发现狼可以通过嚎叫将猎杀结束时松散的队形瞬间整合。

但滑铁卢大学的约翰·塞伯格却指出,以圈养动物的行为推算野外生存动物的行为是不科学的。野狼可以靠着气味追踪狼群成员,所以野外的嚎叫可能还有其他作用。

时至当下,狼为何嚎叫,还有很多可探寻之处。或许在不久的将来,研究者们能够成功破题,带领我们窥见真理一隅。

(本文原载于科普中国网,有改动)

一屠晚归,担中肉尽,止有剩骨。途中两狼,缀行甚远。

屠惧,投以骨。一狼得骨止,一狼仍从。复投之,后狼止而前狼又至。骨已尽,而两狼之并驱如故。

义务教育教科书语文七年级节选

作为"忠诚守护者"的狗与"贪婪掠夺者"的狼似乎在人们的认知里就是一对死对头,但是实际研究表明,这对死对头有着密切的亲缘关系,你觉得这是为什么呢?查阅资料,结合外形特点、生活习性加以思考。

17 人类果真从非洲而来吗？

从远古女娲造人的传说到现代的进化论，人从哪里来，一直是人类探讨的话题。此前，科学界普遍认为，人类起源于非洲，这一论断是否属实呢？

对于人类进化史，大多数专家的观点大致如下：距今650万～550万年，在东非某座森林里的某个地方，生活着一种与黑猩猩相似的类人猿。其后代一部分留在了森林里，最终进化成了现代黑猩猩和倭黑猩猩；但也有一部分离开了森林，迁移到了大草原上，于是这一部分最终形成了我们的古人类谱系。古人类渐渐适应了新的环境，最明显的一点是进化成用两条腿走路。大约400万年前，古人类中已经兴起了一个大获成功的群体，名为南方古猿。

黑猩猩

大约 200 万年前，在这些相对而言还很近似于类人猿的南方古猿中，有一部分经历了一次重要的转变：大脑变大了，腿变长了，成为最早出现的"真正"的人类。直立人便是这些早期人类之一，凭借着相对较大的大脑和较长的腿走出了非洲，成了最早走出非洲的古人类。而非洲人类继续以一种明显不可阻挡的方式进化出了容量更大的大脑。在接下来的大约 100 万年间，又发生过几波迁徙潮，更多脑容量有所增大的人类随之走出了非洲。其中一波很有可能导致了尼安德特人的崛起——截至 2000 年，人们还普遍认为尼安德特人是一个独特的进化分支，并非当今人类的祖先。

　　留在非洲的古人类最终进化成了我们这个物种——智人。大约 6 万年前，智人也开始走出非洲。智人可能曾与尼安德特人相遇，二者的相遇甚至可能对尼安德特人的灭绝起到了一定作用。但是，20 世纪对尼安德特人化石及 DNA 的研究表明，其化石与 DNA 都没有表现出与智人相似的特征，所以这两个物种是否曾经杂交过还远远谈不上水落石出。2017 年，上述这些假设几乎全遭到了质疑。我们与黑猩猩的最终共同祖先可能并不太像黑猩猩。

我们与黑猩猩发生分化的时间或许比之前猜想的要早得多。古人类很有可能在从树上下来之前就已经变成了两足动物，而不是在此之

印度尼西亚的霍比特人

后才用两条腿走路的。南方古猿未必如同我们曾经设想的那样，产生出了真正的人类——但出乎意料的是，它们倒是有可能迁出非洲，进化成了印度尼西亚的霍比特人。脑容量小的人类显然曾与脑容量大的物种共存于世，或许甚至还曾与我们这一物种共存过。我们这个物种显然认为遇到的其他远古人类在身体上——或许在行为上也是——与自己足够相似，可以与之进行杂交。

🌀 我们果真是从非洲来的吗？

我们这一物种最早是在哪里进化而成的？在人类学关注的所有问题中，这个问题属于最旷日持久的争议之一。

有一个学派认为，化石证据表明，现代人类是在相对较为晚近的时期在非洲出现的。随后，这一物种散布到了旧大陆各地，取代了当时人属中较早期成员的种群，其中也包括尼安德特人。这就是所谓的"走出非洲假说"，是如今为大多数人所认可的观点。

但还有另一个学派，认为现代人类几乎同时出现于非洲、欧洲和亚洲各地，是一个早期的人科动物物种在原地进化而来的，那个物种就是直立人。大约 100 万年前，直立人就已从非洲迁徙到了旧大陆的其余大部分地区，这被称为"多地起源假说"。

无论是在现代智人起源的进化模型中，还是在对化石记录的性质所做的预测中，这两种假说之间都存在着巨大的差异。

例如，根据"走出非洲假说"，所有的现代人类种群都起源于同一个非洲原始种群。凡是在年代更早的直立人或其他种群中曾经存在过的解剖学特征——或许是在世界不同地区进化而来的——应当都已经消失了。换言之，比方说从 100 万年前直至现代世界的这段时间，解剖学特征不会有特定的区域连续性。

相形之下，多地起源模型则预测，在各区域发展形成的特征会有连续性。例如，该模型认为，中国的现代人类种群是由早在 100 万年前便已进入中国的直立人种群最终进化而来的。这些原始种群随着时间的推移而进化，获得了现代人类的特征，但至少也保留了一部分原先的特征。同样的道理也适用于旧大陆其他地区的种群。

多年以来，争论焦点主要在于化石记录中是否存在区域连续性的解剖学证据。如果多地起源假说是正确的，那么，举例言之，中国的直立人化石就应该与现代中国人相似，而非洲的化石则应该与现代非洲人相似。多地起源假说的支持者声称，业已发现的情况正是如此。他们认为，中国的古代直立人化石预示出了中国现代人类种群的形态学特征，比如他们的脸相对较小、形态扁平，颧骨突出而优美。

然而，化石证据一直备受争议。后来，自 20 世纪 80 年代开始，遗传学也加入了战场，扭转了局势，局面变得有利于"走出非洲假说"。关键的发现在于，所有的现代人类似乎都与同一个规模极小的种群一脉相承，而该种群生活在 15 万年前的非洲。一系列的研究揭示的基本上都是这种模式，截至 21 世纪初，许多研究人员认为这个问题已经尘埃落定。

然而，类似于美国密歇根大学人类学家米尔福德·沃尔波夫的多地起源论者还在继续为维护自身的立场而战。他们认为其他的化石，比如名为"爪哇姑娘"的印度尼西亚化石，介于直立人和智人之间——这似乎暗示着印度尼西亚直立人进化成了印度尼西亚智人。

沃尔波夫还试图借用人类曾与其他物种（如尼安德特人）发生过杂交这一发现。他认为，遗传学揭示出了更新世的若干人类谱系，所有这些谱系之间都可以杂交，这一点与"多地起源假说"是一致的。

不出所料，"走出非洲假说"的支持者对此不以为然。他们认为，多地起源模型的结果应当是尼安德特人逐渐变成了现代人类，但化石记录却显示并非如此。相反，化石记录显示，直到4万或3万年前，尼安德特人几乎还是老样子，然后他们就消失了。

多地起源论者并没有放弃，但大部分人都对他们的说法表示反对。

🍃 走出亚洲假说

到了21世纪，"走出非洲假说"又面临着另一种挑战。此时人们争论的不是智人的起源，而是整个人属的起源，亦即我们进化过程中较早的一个阶段。有些著名的研究人员转而认为，古人类离开非洲摇篮的年代可能比我们原先的看法要早得多，并在更靠近北边的地方经历了关键的进化转变。甚至还有人声称，我们人属可能是在欧亚大陆而不是非洲的天空下出现的。引发这种激进反思的催化剂是霍比特人，也就是弗洛勒斯人。

科学家重建的弗洛勒斯人面部

从一开始，霍比特人就不符合人类进化的标准图景。人们曾经认为，在印度尼西亚弗洛勒斯岛上发现的一些遗骸仅有 1.8 万年的历史，这就说明，在除了我们这一物种之外的所有古人类全都灭绝之后，霍比特人至少还生存了 1 万年。而这一观点现在已被证伪了。现在人们认为，这些遗骸更像是来自 5 万年前，但对这样一种脑容量很小的生物来说，这个年代仍然算是很近了。迄今发现的霍比特人头骨的脑容量约为 420 立方厘米，大概相当于现代人脑容量的 1/3。然而，与霍比特人的骨骸一同发现的石器表明，这种古人类是有能力做出复杂的行为的。

霍比特人骨骸中有大量的原始特征，以至于其发现者开始严肃地讨论一个问题：弗洛勒斯人是由比直立人更原始的生物衍生出来的。在有可能是霍比特人近代祖先的生物当中，南方古猿的排名非常靠前。

这种想法极具挑战性。传统观点认为，南方古猿是大约 400 万年前在非洲进化而成的，经过 280 万年后在当地灭绝，自始至终从未离开过非洲。也许是因为南方古猿长着一双短腿，不愿长途跋涉走出非洲。当然，直到南方古猿时代末期，我们人属中身材较高的成员出现以后，古人类才开始探索更广阔的世界。

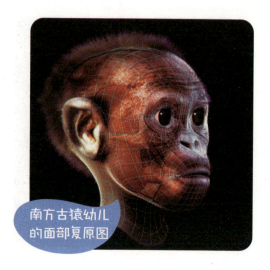

南方古猿幼儿
的面部复原图

而霍比特人的遗骸暗示着还有另外一种可能。也许在人属进化形成之前，确实有南方古猿设法逃离了非洲，也许还在欧亚大陆存活了很长时间，足以使其进化成霍比特人。如果确实如此的话，那么时至今日，关于这些古代的欧亚南方古猿，我们或许应该已经发现了相关的化石证据。然而，东非和南非的环境条件有利于保存人类化石，亚洲各地的条件则不然。

尽管如此，在欧亚大陆上，仍有一处遗址可能与类似南方古猿的古人类曾经走出非洲的说法相符。还有迹象表明，这些神秘的欧亚南方古猿不仅进化成了在弗洛勒斯岛上发现的霍比特人，而且可能进化成了我们人属。

1991 年，在对高加索地区格鲁吉亚的中世纪小镇德马尼西进行挖掘时，研究人员偶然出土了迄今为止在非洲以外发现的年代最早的古人类遗骸。关于 177 万年前的德马尼西古人类在人类进化树上的具体位置仍然存在一定争议，但大多数人都将其归类为直立人。他们所处的年代和具有的原始特征表明，他们是这个物种中最先出现的成员之一，也就是说，直立人在最早约 187 万年前首次出现于东非地区后，几乎没有浪费多少时间便又离开了那里。传统观点认为，这是古人类首次大胆地走出非洲，德马尼西提供了一幅独特的简图，记录下了人类走向全球的那一刻。

德马尼西

随后，2011年，从德马尼西又传来了令人惊讶的消息，这让人们对之前的说法产生了疑问。后续挖掘发现的证据表明，这处格鲁吉亚遗址最早有人居住的时间至少是在185万年前——这与直立人在东非出现的时间基本相同。在某些人看来，这就表明直立人可能是从欧亚大陆进化而来的。若是如此，那么德马尼西的化石就并非是一幅古人类首次走出非洲、向北方迁徙的简图，而是表明直立人正在向南迁徙、进入其祖先居住过的土地。

从更宽泛的意义上来说，关于德马尼西居住年代的新说法意味着直立人可能是由南方古猿进化而来的，他们在大约200万年前或更早的时候就离开了非洲。这一点有着至关重要的意义，因为直立人往往被视为我们这一物种的直系祖先。因此，如果直立人是在欧亚大陆进化形成的，然后才迁移到了非洲，于35万～20万年前在非洲进化出了我们这一物种，那么就可以说，非洲和欧亚大陆这两个地方都算现代人类的发源地。

有一点应该强调一下：来自弗洛勒斯和德马尼西的证据只能说是与这些激进的新观点相一致，而谈不上是这些观点的有力论据。来自欧亚大陆的化石证据依旧贫乏，因此，没有确凿的证据表明南方古猿迁徙出了非洲。

（本文原载于《新科学家》杂志，有改动）

课本联通

想着，她就顺手从池边掘起一团黄泥，掺和了水，在手里揉团着，揉团着，揉团成了第一个娃娃样的小东西。

她把这个小东西放到地面上。说也奇怪，这个泥捏的小家伙，刚一接触到地面，马上就活了起来，并且一开口就喊：

"妈妈！"

接着一阵兴高采烈的跳跃和欢呼，表示他获得了生命的欢乐。

女娲看着她亲手创造的这个聪明美丽的生物，又听见"妈妈"的喊声，不由得满心欢喜，眉开眼笑。

她给她心爱的孩子取了一个名字，叫作"人"。

义务教育教科书语文七年级节选

灵光乍现

达尔文提出的物种起源学说讲述了生物进化的过程与法则，你知道这一学说的中心观点是什么吗？

18 流星就是陨石吗？

每当天气变暖，夜空中的繁星似乎也活跃了起来。每当有流星雨光临地球时，总有人会问：这么多流星都坠落到地球的哪里去了？难道不会砸到人吗？流星就是陨石吗？让我们带着这些疑问开始探索吧！

流星的种类

流星是太阳系中行星际空间的尘粒和固体块（流星体）闯入地球大气圈同大气摩擦燃烧产生的光迹。

流星一词来源于希腊语"meteōron"，意思是"天空现象"，指的是我们看到流星体划过时留下的光带。一旦同地球相撞，流星体就会变成陨星。

流星体的质量一般很小，比如产生 5 等亮度流星的流星体直径约 0.5 厘米，质量约 0.06 毫克。肉眼可见的流星体直径为 0.1～1 厘米。当地球穿越它们的轨道时，这些颗粒就会进入地球大气层。由于它们与地球相对运动速度很高（12～72 千米 / 每小时），与大气分子发生剧烈摩擦而燃烧发光，因此在夜空中表现为一条光迹。大部分流星在坠落过程中燃烧殆尽，但也有部分比较大，有可能在大气中未燃烧尽，落到地面后就称为"陨星"或"陨石"。

流星有单个流星、火流星和流星雨几种。火流星是一种比较亮的单个流星，单个流星的出现时间和方向没有什么规律，又叫偶发流星。

火流星

各种流星现象中，最美丽壮观的当数流星雨。它出现时，千万颗流星像一条条闪光的丝带，从天空中的某一点（辐射点）辐射出来。流星雨以辐射点所在的星座命名，如仙女座流星雨。历史上出现过许多次著名的流星雨：天琴座流星雨、狮子座流星雨、仙女座流星雨等。流星雨的出现是有规律的，它们往往出现在每年大致相同的日子里，因此被称为"周期流星雨"。

知识小贴士

中国在公元前687年就记录到天琴座流星雨，"夜中星陨如雨"，这是世界上最早的关于流星雨的记载。

流星与陨石

未燃尽的流星体降落在地面上，叫作陨石。陨石是来自地球之外的"客人"。根据陨石本身所含的化学成分的不同，陨石大致可分为三种类型：

（1）铁陨石，也叫陨铁，它的主要成分是铁和镍；

（2）石铁陨石，也叫陨铁石，这类陨石较少，其中铁镍和硅酸盐大致各占一半；

（3）石陨石，也叫陨石，主要成分是硅酸盐，这种陨石的数量最多。

陨石包含着丰富的太阳系天体形成演化的信息，对它们的实验分析将有助于探求太阳系演化的奥秘。陨石是由地球上已知的化学元素组成的，且在一些陨石中找到了水和多种有机物。这成为"是陨石将生命的种子传播到地球的"这一生命起源假说的一个依据。

吉林一号陨石

通过对陨石中各种元素的同位素含量测定，可以推算出陨石的年龄，从而推算太阳系开始形成的时期。陨石可能是小行星、行星、大的卫星或彗星分裂后产生的碎块，它能携带来这些天体的原始信息。著名的陨石有中国吉林陨石、中国新疆大陨铁、美国巴林杰陨石等。

知识小贴士

1976年中国吉林市出现了世界上罕见的陨石雨，陨落的巨石穿透冻土层，砸出一个深6.5米、直径2米多的坑。这块陨石重1 770千克，连同收集到的其他陨石，总重量达2吨以上，是至今世界上最大的石陨石。

🌿 与流星有关的事件

通古斯事件之谜

1908 年 6 月 30 日早晨，一个来自太空的巨大物体以极快的速度冲进了地球大气层，然后在西伯利亚通古斯河流域一个人烟稀少的沼泽深林区爆炸。这一爆炸发出了震耳欲聋的轰响，强大的冲击波掀倒了方圆 60 平方千米的杉树，巨大的火柱冲天而起，又黑又浓的蘑菇云升腾到 20 多千米的高空，大火一直燃烧了好几天。

小行星撞击地球引发恐龙灭绝

在大约 6 500 万年前，小行星或彗星撞击地球，导致了火山喷发和气候变化，最终造成了恐龙灭绝。人们在尤卡坦半岛附近发现的几乎全部在水下的巨大的陨石坑，似乎为这一理论提供了完美的证据。虽然有科学家对此事件提出疑问，但是，小行星撞击地球时引起的巨大的尘埃云以及火山比平时更剧烈爆发产生的火山灰，严重遮挡了阳光的入射，从而造成地球表面温度急剧下降，很多生物因为无法适应如此巨大的环境变化而走向灭绝之旅。

🌿 主要的流星雨（群）

流星雨形成的主要原因是彗星的破碎。而彗星主要由冰和尘埃组成。当彗星逐渐靠近太阳时冰会被汽化，使尘埃颗粒像喷泉之水一样从彗星母体喷出。但大颗粒仍保留在母彗星的周围形成尘埃彗头；小颗粒则被太阳的辐射压力吹散，形成彗尾。

这些位于彗星轨道的尘埃颗粒被称为"流星群体"。当流星体颗粒刚从彗星喷出时，它们

狮子座流星雨

的分布是比较轨道化的。而在大行星的引力作用下，这些颗粒逐渐散布于整个彗星轨道。如果轨道上存在流星体颗粒，便会发生周期性流星雨。

当每小时出现的流星数超过 1 000 颗时，我们称其为"流星暴"。下面介绍几个最著名的流星雨。

狮子座流星雨在每年的 11 月 14 日至 21 日出现。一般来说，流星的数目大约为每小时 10 至 15 颗，但平均每 33 年至 34 年狮子座流星雨会出现一次高峰期，流星数目每小时可超过数千颗。这个现象与坦普尔·塔特尔彗星的周期有关。

英仙座流星雨在每年 7 月 17 日到 8 月 24 日这段时间出现，它不但数量多，而且几乎从来没有在夏季星空中缺席过，是最适合非专业流星观测者进行观测的流星雨。

我们常说的猎户座流星雨是由著名的哈雷彗星造成的，哈雷彗星每 76 年就会回到太阳系的核心区，散布在彗星轨道上的碎片，形成了著名的猎户座流星雨。猎户座流星雨一般出现在每年 10 月 2 日到 11 月初，极大日在 10 月 21 日。

天琴座流星雨一般出现于每年 4 月 19 日至 23 日，通常 22 日是极大日。该流星雨是我国最早记录的流星雨，在古代典籍《春

秋》中就有对其在公元前687年大爆发的生动记载。彗星1861I的轨道碎片形成的天琴座流星雨是全年三大周期性流星雨之一。

（本文选自《天文知识基础——你想知道的天文学》，作者姚建明，有改动）

杞人忧天

杞国有人忧天地崩坠，身亡所寄，废寝食者。

又有忧彼之所忧者，因往晓之，曰："天，积气耳，亡处亡气。若屈伸呼吸，终日在天中行止，奈何忧崩坠乎？"

其人曰："天果积气，日月星宿，不当坠耶？"

晓之者曰："日月星宿，亦积气中之有光耀者，只使坠，亦不能有所中伤。"

义务教育教科书语文七年级节选

你知道应该选择什么样的地点观测流星吗？又应该如何观测呢？以及应该注意观测哪些信息呢？

19 夜空中的光带——银河

自古以来，气势磅礴的银河就是人们注意观察和研究的对象。古人不知道银河是什么，便把银河想象为天上的河流。早在先秦时代就有人用地上的黄河和汉水代称天上的银河，即河汉。中国著名的神话故事牛郎织女鹊桥相会中的鹊桥就是铺设在这天河之上。欧洲人把银河想象成是天上的神后喂养婴儿时流淌出来的乳汁形成的，叫它牛奶路。因此，英文中的银河（Milky Way）就是这么来的。

🌱 银河的特点

银河系的结构

银河的总质量是太阳质量的 2 000 亿倍，直径约为 10 万光年，中心厚度达1.2万光年。我们身处的太阳系就在银河系之中，除此之外，银河系还包

含了 1 000 亿颗以上的恒星，这些恒星都被行星环绕。银河系非常大，所以我们只能看到离我们最近的几千颗星星，太阳、牛郎星、织女星、北极星、北斗七星等，就是我们可见的银河系成员。

银河系

银河系中间厚，边缘薄，整体看来是一个中间稍凸的扁平状圆盘。它主要由三部分构成：银盘、银晕、银核。银盘是银河系的主要组成部分，呈旋涡状，主要由 4 条巨大的旋臂环绕组成；银晕是包围银盘的雾状物，其中分布的恒星相对较少；最中心的凸出部分是银核，呈明亮的球状。

银河的旋臂

银河系从里向外伸出了 4 条旋转的"手臂"，分别为人马臂、猎户臂、英仙臂和三千秒差距臂。每条"手臂"都由难以计数的恒星和星云组成。太阳系位于人马座旋臂和英仙座旋臂之间的猎户座旋臂上。

银河的自转

银河系整体做较差自转，在距离中心的不同位置有不同的转

知识小贴士

较差自转是指一个天体在自转时，不同部位有不同的速度，大多数非固体的天体，如星系、恒星等都可能做较差自转。在太阳系中，太阳、木星和土星的表面也会出现较差自转现象。

动速度。太阳围绕银河系约每秒运行 220 千米，太阳绕银心一周大概需要 2.25 ～ 2.5 亿年，可称为一个宇宙年或银河年。因此，如果以太阳的年龄估算，太阳已经绕银河运行 20 ～ 25 次了。

🌱 地球与银河

天川——辽阔的银河

地球是太阳系里八个行星之一，而地球与太阳一比，是微不足道的，太阳的体积比地球大 130 万倍，质量约是地球的 33 万倍。把地球放在太阳的表面，地球看起来只是一个小黑点而已，还没有太阳上的黑子（sunspot）大。

但从宇宙来看，太阳不过是银河系里一颗极普通的星体，银河系里有上千亿颗恒星，比太阳质量大几十倍，光度比太阳强 100 万倍的恒星众

仙女星系

多。银河之广更是不可思议，譬如说人类要想到距地球约 3 万光年的银河系的中心去，用光的速度来旅行，在旁观者眼中也要走 3 万多年。假设人类以光速出发，到达银河系中心时，地球上已是千代子孙。

太阳和其他银河系的星球一样绕银河系的中心旋转。地球自

银河系的附近有一个比银河系更大的星系，由于它和银河系长得很像，不太容易分辨，所以被称为银河系的"孪生妹妹"，这就是仙女星系。它是少数几个我们能用肉眼看到的星系之一。仙女星系距离地球约 220 万光年，正在以每秒 300 千米的速度朝着银河系靠近。在 30～40 亿年后，仙女星系可能会撞上银河系，然后再有数十亿年，银河系和仙女星系可能会合并为一个椭圆星系。

转一圈需要一天，月亮绕地球一周需要一个月，地球绕太阳一周需要一年，太阳绕银河系中心一周需要一星系年，一个银河系年等于二亿五千万个地球年。

银河系十分巨大，但是在整个宇宙里，类似银河的星系有 30 亿之多，这个空间的直线距离就有 10 亿光年之远。

银心位置争论

银河系的繁星坐落在一个扁平的图形中，太阳位居此图形的中央。荷兰天文学家凯卜庭运用那时的观测技术，测算出这个图形的直径有二万三千光年。凯卜庭的银河观在 20 世纪初期，大家是一致同意的，因为他发现星数随距离增加而递减。这是一个"太阳非在银河中央不可"的有力证据。但凯卜庭用了一个错误的假设，即他认为星际光吸可以完全忽略，正是这一点错误使得他的结论全部改变。在银河系中的星际尘埃随氢原子气体运行，充塞在银河平面之中，这些星际尘埃能遮蔽星光，所以人们看到银河系里繁星点点，其实这些都是接近太阳的星，而在银河平面中真正远的星（约 15 000 光年以上）即使使用倍数最大的望远镜也难看到。因为星际光吸只能看到左边的繁星，而且星数也因光吸随距

夏季星空中的银河

离增加而递减，所以凯卜庭才会错以为太阳系在银河中央。

🌿 银河的天文位置

夏夜的星空中从东北向南横跨天空的银河，宛如奔腾的急流，一泻千里。这迢迢的银河曾引起多少美丽的遐想。

其实，一年四季都可以看到银河，只不过夏秋之交看到了银河最明亮壮观的部分。银河系的主要星座有：天鹅座、天鹰座、狐狸座、天箭座、蛇夫座、盾牌座、人马座、天蝎座、天坛座、矩尺座、豺狼座、南三角座、圆规座、苍蝇座、南十字座、船帆座、船尾座、麒麟座、猎户座、金牛座、双子座、御夫座、英仙座、仙后座和蝎虎座。

银河在天空明暗不一，宽窄不等。最窄只有 4°～5°，最宽约 30°。银河看起来是白茫茫的这一点困扰人们许久，直到伽利略发明了天文望远镜以后，带着这个不解之谜，把望远镜指向银河，才发现原来银河是由密集的恒星组成的。人类从太阳系向周围看到盘状的边缘部分呈带形天区，这个天区的恒星投影最密集，

这就是人们所看到的银河。银河里有 1 000 多亿颗恒星，这些恒星组成了庞大的恒星体系，这个恒星体系也因银河得名，叫银河系。

肉眼的极限视星等为 5.5 以上或光污染指数 5 级以下才能看到银河，如果肉眼看不到银河，使用最先进的观测仪器也很难看到银河。北半球的夏季最容易看到银河（在天蝎座、人马座延伸至夏季大三角，甚至仙后座），冬季银河很暗淡（在猎户座与大犬座）。

实际上，银河是银河系的一部分，银河系是太阳系所属的星系。因其主体部分投影在天球上的亮带被称为银河而得名。人类置身其内而侧视银河系时所看到的是它布满恒星的圆面。由于恒星发出的光离地球很远，数量又多，又与星际尘埃气体混合在一起，因此看起来就像一条烟雾笼罩着的光带，十分美丽。

银河各部分的亮度是不一样的。靠近银心的半人马座方向比其他部分更亮一些。

🔹 银河的密度波

星系旋转一周，大约需两亿五千万年，所以旋涡臂如何旋转，无法直接观测，但是已经知道这些星系都有很强的较差自转，这就造成了一个事实，叫作旋紧矛盾，而这一事实成了研究银河结构理论家研究的核心问题。瑞典天文学家林德博留意这个问题后，通过计算大量轨道问题，他想到旋涡臂也许不是物质，而是密度波的呈现，但他最后并未解决，而这一问题是在旅美中国科学家林家翘的手上解决的。林家翘从理论上证实了旋涡密度波的存在，并从天文观测中找到了证据。

密度波可以运用到任何一个涡状星系上，因为人们

夏季星空中的银河

对银河系的知识了解最周全，所以重点放在银河系上。

🌿 有关银河的文学

世界各地有许多围绕着银河系创作的神话。很特别的是，在古希腊就有两个相似的神话故事在解释银河是怎么来的。有些神话将银河和牛结合在一起，认为成群的牛的乳液将深蓝色的天空染白了，形成了银河。

在东亚，人们相信在天空中群星间的雾状带是银色的河流，也就是我们所说的天河。

Akashaganga 是印度人给银河的名称，意思是天上的恒河。

中国古代也把银河叫天河、星河、河汉等。先秦时代的《庄子·逍遥游》里就有"吾惊怖其言犹河汉而无极也"，其中的"河汉"本是指黄河与汉水，后来泛指天上的银河。

银河，在中国古典诗文中还有不少有趣的别称，如：

曹操《观沧海》"星汉灿烂，若出其里"中的"星汉"；

陆机《拟明月皎夜光诗》"招摇西北指，天汉东南倾"中的

"天汉"；

　　杜审言《七夕》"白露含明月，青霞断绛河"中的"绛河"；

　　李贺《天上谣》"天河夜转漂回星，银浦流云学水声"中的"银浦"……

（本文原载于星协公众号，有改动）

杞人忧天

　　杞国有人忧天地崩坠，身亡所寄，废寝食者。

　　又有忧彼之所忧者，因往晓之，曰："天，积气耳，亡处亡气。若屈伸呼吸，终日在天中行止，奈何忧崩坠乎？"

　　其人曰："天果积气，日月星宿，不当坠耶？"

　　晓之者曰："日月星宿，亦积气中之有光耀者，只使坠，亦不能有所中伤。"

义务教育教科书语文七年级节选

　　除了以上提到的诗词，你还知道哪些诗词中写到了银河？